知识产权质押融资系列丛书　鲍新中／主编

本书是北京市教委市属高校创新能力提升计划项目：
北京市知识产权商用化运营机制及政策研究
（项目编号：PXM2016_014209_000018_00202730_FCG）
的阶段性研究成果

知识产权质押融资
风险管理

ZHISHICHANQUAN ZHIYA RONGZI FENGXIAN GUANLI

尹夏楠　鲍新中◎著

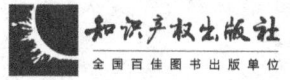

知识产权出版社

全国百佳图书出版单位

图书在版编目（CIP）数据

知识产权质押融资：风险管理/尹夏楠，鲍新中著.
—北京：知识产权出版社，2018.9
ISBN 978 – 7 – 5130 – 5822 – 3

Ⅰ.①知…　Ⅱ.①尹…②鲍…　Ⅲ.①知识产权—抵押—融资模式—研究　Ⅳ.①F830.45

中国版本图书馆 CIP 数据核字（2018）第 208483 号

内容提要

本书以"知识产权质押融资风险影响因素—风险形成机理—融资前风险静态评价—融资后动态风险监控和预警—风险共担与化解机制"为研究主线，采用理论与实证相结合的方法，从系统视角分析了融资风险的影响因素，运用系统动力学定性剖析风险涌现机理；构建数学模型，结合数据挖掘技术对融资前后的风险进行评价、监控和预警，并提出建立风险共担与化解机制的相关建议。

责任编辑：荆成恭　　　　　　　　　**责任校对**：潘凤越
封面设计：刘　伟　　　　　　　　　**责任印制**：孙婷婷

知识产权质押融资：风险管理

尹夏楠　鲍新中　著

出版发行：**知识产权出版社** 有限责任公司　　　网　　址：http：//www.ipph.cn
社　　址：北京市海淀区气象路 50 号院　　　　　邮　　编：100081
责编电话：010 – 82000860 转 8341　　　　　　　责编邮箱：jcggxj219@163.com
发行电话：010 – 82000860 转 8101/8102　　　　 发行传真：010 – 82000893/82005070/82000270
印　　刷：北京虎彩文化传播有限公司　　　　　经　　销：各大网上书店、新华书店及相关专业书店
开　　本：720mm×1000mm　1/16　　　　　　　印　　张：11.5
版　　次：2018 年 9 月第 1 版　　　　　　　　　印　　次：2019 年 7 月第 2 次印刷
字　　数：178 千字　　　　　　　　　　　　　　定　　价：49.00 元
ISBN 978 – 7 – 5130 – 5822 – 3

总　序

社会学家把人生概括为功利人生、求道人生和游戏人生三种。作为一位科研工作者，我们所做的研究工作，也可能会经历同样的这三个过程，即功利科研、求道科研和游戏科研。

功利科研，追求的是成就之美，或者说功成名就。对于科研工作者来说，功成名就，追求的可能是职称、金钱、地位、名誉，但也未必一定是狭隘的个人主义，也可以是经世济民，造福于社会，所谓"大丈夫处世兮立功名，立功名兮慰平生"。年轻时做科研，大都会受到外部压力和内部功利心的驱使。这里并无鄙视功利之意，在这个世界上不可以没有功利，功利价值与一种健全的社会机制的结合，会使每个人在获取私利的同时，为他人造福。功利从某种程度上是推动经济发展的原动力，西方经济学中的微观经济学就是利用人们的逐利与追求利润最大化的动机，采用价格这无形的手来优化资源配置而发展经济的。

求道科研，追求的是科学之美。科研工作者投身和参与到自身所认为的科学之道和生命之道中，去体验、实践、求索并致力于弘扬那个"大道"。这是一种为了科学探求真理、探索真知的研究。科学家们的研究，大都是这个层面的研究，他们引领科学技术发展、推动社会文明进步。希望 50 岁后的科研工作者，都能为了求道而研究，这样，做起来更有动力、更有乐趣、更有意义。

游戏科研，追求的是生活之美。科研工作者为自己投身的科学研究本身所陶醉。正如钱理群先生所言，"学术本身就构成了生命中自足的存在，不需要从学术之外寻找乐趣、意义和价值"。如果你不能从学术研究中感受到快乐，说明选择做科研可能不是最佳的工作选择。"学术研究，不过是一批痴迷于学术的人进行的精神劳动。"如果真是这样，学术成为科研工作者生活中的重要组成部分，也成为生活快乐的源泉。游戏科研，不分年龄，从研究生到教授、到院士和科学家，都可能达到，他们从思想的自由驰骋与学术的苦心探讨中找到兴趣、感受快乐，获得生命的意义与价值。希望所有的科研工作者都可以达到游戏科研的境界。

北京联合大学创新企业财务管理研究中心多年来秉承"快乐学术、悦享生活"的科研工作理念，致力于创建轻松、愉悦的科研氛围，将学术融入生活，在科研工作中也一样寻求到生活的快乐。经过多年的努力，已经在知识产权质押融资、供应链融资、低碳与环境会计、PPP 融资与风险管理等方面形成了稳定的研究方向，取得了一定的研究成果。此次将把知识产权质押融资领域多年的研究成果以系列专著的形式推出，以更好地与国内外学者、金融机构、科技中介机构、科技型企业的相关人员进行沟通交流。即将陆续出版的知识产权质押融资系列专著预计五本，分别是《知识产权质押融资：运营机制》《知识产权质押融资：风险管理》《知识产权质押融资：价值评估》《知识产权质押融资：信任机制》《知识产权质押融资：法律规制》。

知识产权质押融资是科技和金融融合的产物，为科技型中小企业提供了获得成长和发展资金的新渠道。近几年，我国从中央到地方陆续颁布了一系列的激励政策和措施以推进知识产权质押融资业务的推广，但实践发展的状况并不乐观，银行、担保机构等对知识产权质押融资业务持谨慎态度，这种政府热情高涨而参与主体积极性不高的反差现象有很多原因，包括知识产权价值评估问题、风险管理问题、合作模式问题、法律规制问题等，这些问题需要实践中的探索，也需要理论上的研究。本套丛书就是致力于对阻碍知识产权质押融资业务发展的关键问题展开理论研究和实践研究探索，力争补充、丰富和完善国内外关于知识产权融资风险问题的理论研究成果，并为政府相关部门、金融机构、企业和中介机构决策提供指导思路。

2018 年 8 月 8 日

自 序

　　知识产权是国家发展的战略性资源和企业竞争力的核心要素，以知识产权为核心的科技型中小企业成长为引领中国经济转型发展的主要推动力量。近几年，我国知识产权申请量和授权量得到了长足的发展，连续多年稳居世界首位，专利领域相继实现年发明专利申请量和国内有效发明专利拥有量两个 100 万件。与之相对，科技型企业缺少资金及"融资难、融资贵"问题已经制约其正常发展，缓解企业资金困境迫在眉睫。运用企业优质知识产权资源解决企业资金困境既能激活"沉睡的"知识产权，又能满足企业发展所需资金，是一个"一石二鸟"的策略。随着《国家知识产权战略纲要》的深入实施，国家大力推进知识产权质押融资工作，加快促进知识产权与金融资源融合，虽然取得了一定的成效，但由于知识产权质押融资业务涉及银行等金融机构、融资企业、中介结构（资产评估事务所、担保机构和律师事务所等）以及政府部门等多主体参与，其风险的复杂性导致银行及中介机构一直保持谨慎态度，从而增加了知识产权质押融资业务推广的难度。如何有效地识别风险、筛选风险、度量风险并监控风险，提出降低知识产权质押融资风险的措施成为当务之急。因此，作为知识产权质押融资系列丛书之一，专著《知识产权质押融资：风险管理》作为丛书的重要构成部分即将付梓出版。

　　本书以"质押融资风险影响因素—风险形成机理—融资前风险静态评价—融资后动态风险监控和预警—风险共担与化解机制"为研究主线，构成知识产权质押融资风险研究框架。本书的特点如下所述：首先将知识产权质押融资涉及的多主体作为一个整体工程，从系统视阈结合典型融资模式对融资风险影响因素进行了全面分析，运用系统动力学定性研究各风险

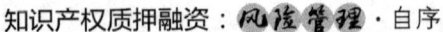

子系统的风险形成路径及知识产权质押融资风险涌现的机理；其次运用模糊评价方法，结合数据挖掘技术，对融资前风险进行静态评价，实现质押融资企业的优选；进而运用 Kalman 滤波方法对融资后的动态风险进行实时监控和预警；最后以不同知识产权质押融资模式为背景，提出了建立风险共担与化解机制的相关建议。

本书丰富的内容得益于作者多年来对科技金融服务于企业发展的关注以及对科研工作的热爱。全书由北京联合大学管理学院尹夏楠副教授和鲍新中教授共同完成，其中，第八章由鲍新中撰写，其他章节由尹夏楠撰写。作者在写作过程中参阅了国内外同行、专家的许多研究成果，同时，鲍新中教授和中国矿业大学（北京）朱莲美教授为本书的撰写提供了宝贵的建议，在此一并表示感谢。

知识产权质押融资业务需要银行、企业、中介结构及政府部门等多主体的协同合作，不同主体之间存在利益共享与竞争的动态博弈关系，风险也将随着质押融资模式的创新不断变化，针对融资风险的研究也将是一个持续探索和优化防控的过程。本书的贡献在于构建了完整的质押融资风险理论研究框架和崭新的分析视角，希望借此能够为丰富相关理论研究成果和实践指导融资业务进展提供有益的借鉴价值。

尹夏楠

2018 年 8 月 18 日

目　　录

第一篇　研究背景与文献综述

第二篇　风险形成机理篇

第三篇　风险评价与预警篇

第四篇　风险共担与化解机制篇

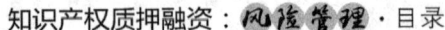

第一篇

研究背景与文献综述

第一章 引 言

随着科技的快速发展和全球经济一体化的深度融合，以知识产权为核心的科技型中小企业正在成长为引领中国经济转型发展的主要推动力量，在稳定经济、优化产业结构方面具有举足轻重的作用。但科技型企业的成长需要大量资金的投入，"融资难、融资贵"已经成为制约企业发展的瓶颈问题，由于受到融资问题的掣肘，科技型企业的活力未能得到完全释放，缓解企业资金困境已迫在眉睫。知识产权质押融资是科技和金融融合的产物，在知识产权发达的国家已经得到了广泛的推广和运用，为科技型中小企业提供了巨额的成长和发展资金。近几年，我国从中央到地方陆续颁布了一系列的激励政策和措施以推进知识产权质押融资业务的推广，但实际发展的状况并不乐观，银行、担保机构等对知识产权质押融资业务持谨慎态度，这种政府热情高涨而参与主体积极性不高的反差现象的主要原因是知识产权质押融资过程中存在潜在的风险问题。因此，优化当前知识产权质押融资模式，开展对识别风险种类、揭示风险的形成机理、评估企业融资前的静态风险、监控和预警融资后的动态风险的质押融资全过程研究，对于降低和防范知识产权质押融资风险、推动质押融资业务的发展、实现我国经济发展的科技创新驱动战略尤为重要。

1.1 研究背景

科技型中小企业融资难问题急需解决。随着科技的发展，以知识技术为主导的科技产业逐渐占据了主要地位，科技型中小企业的数量逐渐增多，并且拥有大量先进技术和科技成果，在提升我国科技创新能力与科技水平、实现科技创新促进经济发展等方面发挥着越来越重要的作用。但同时我们也发现，科技型中小企业知识产权的研发以及获取需要投入大量的资金，由于大多数科技型中小企业在短期内很难通过股权融资，因此其资金主要来源于银行贷款。而银行素来更青睐规模较大、运营较为稳定的大型企业[1-2]，科技型中小企业因其资产结构具有轻固定资产、重无形资产的特点，缺少可以向银行抵押融资的实体资产，相对放贷风险比较高。科技型中小企业急需资金与银行惜贷之间的供需矛盾导致企业资金短缺的现象已经非常普遍，并成为制约科技型中小企业成长和发展的瓶颈问题，如何解决科技型中小企业融资困境是当前学术界和实务界关注的焦点问题。

科技型中小企业拥有丰富的知识产权资源。近几年，我国知识产权事业发展迅猛，专利申请量和授权量逐年大幅增加。国家知识产权局2015年受理发明专利申请110.2万件，同比增长18.7%；2016年受理发明专利申请133.9万件，同比增长21.5%。"十二五"期间全国32个试点城市的中小企业集聚区专利申请量年均增长53%，专利授权增速超过30%，专利权主要由科技型中小企业拥有。据世界知识产权组织发表《世界知识产权指标》报告指出，2014年中国在专利、商标和工业品外观设计的知识产权领域申请量均居世界首位，2016年我国成为第一个年度接受专利申请量超过百万的国家，专利申请量连续五年居全球之首，成为知识产权事业发展的主要推动力。与此相比较，从2008年至2015年我国内地专利权质押融资金额从最初的13.84亿元增长到560亿元，其中，2012年至2015年，融资金额年均增长86%。每年的质押融资金额具体见表1-1。

表1-1 2008—2015年专利权质押融资金额

时间（年）	2008	2009	2010	2011	2012	2013	2014	2015
金额（亿元）	13.84	74.59	70.66	81	141	254	489	560

资料来源：国家知识产权局。

由表1-1可知，在各级政府部门出台了一系列的政策措施支持和引导下，完善知识产权运营服务体系，积极探索多种运营模式，通过政府资金设立专利运营基金、引入保险、利息补贴等多种方式加大支持推动力度，培育了一批知识产权运营机构，知识产权质押融资业务也取得显著成效。但与我国庞大的知识产权存量、每年知识产权新增数量、银行贷款总额以及有融资需求的科技创新型企业数量相比，知识产权质押融资无论在融资金额、惠及融资需求企业数量方面还是在撬动社会资本参与程度方面均没有达到理想的效果。吴大庆等（2007）指出"资本"与"知本"的结合可以实现企业与银行双方的共赢，自主创新的中小企业以专利权质押融资具有广阔的市场前景[3]。激活知识产权的价值、发挥知识产权在企业成长和经济发展过程中的作用，尤其是撬动企业自身"沉睡"的优质资源以解决融资困境是当前亟待解决的问题。

国家实施知识产权强国战略，大力推动知识产权质押融资工作。我国开展知识产权质押融资业务较晚，1997年红豆企业商标权的质押贷款开创了我国知识产权质押融资的先河，1999年山西工行忻州分行为忻州市云中制药厂以商标质押贷款200万元。2006年9月，全国知识产权质押融资研讨会由中国人民银行和银监会发起，在湖南召开，并在北京、上海、长春、湘潭、武汉等地进行知识产权质押融资试点工作。2008年国家知识产权局在全国29个地区进一步开展知识产权质押融资业务、投融资服务以及创建国家知识产权投融资综合试点。随着知识产权价值不断得到认可，越来越多的地区启动中小企业知识产权质押融资的业务。2015年，国家知识产权局出台《关于进一步推动知识产权金融服务工作的意见》，全面加强知识产权质押融资工作政策和业务指导，2016年12月12日国家知识产权局、工信部联合发布《关于全面组织实施中小企业知识产权战略推进工程的指导意见》，发展知识产权直接融资渠道，完善知识产权间接融资渠道，鼓励各类金融机构参与知识产权质押融资活动，设立了知识产权质押融资风险补偿基金，建立了市场化的重点产业知识产权运营基金，并针对为中小企业提供服务做出突出业绩的知识产权服务机构给予了奖励以及优先委托项目。2016年12月颁布的《"十三五"国家知识产权保护和运用规划》明确提出积极创新知识产权金融服务，加快拓展知识产权质押融资试点，健全风险管理及补偿机制，深入推进质押融资风险补偿试点，促进知识产权高效运用。

知识产权质押融资风险是困扰、阻碍质押融资业务发展的主要瓶颈。知识产权质押融资业务是科技与金融融合创新的产物，也是今后推动经济发展、解决科技型中小企业资金困境的重要途径。国际上经济发达国家已充分认识到知识产权质押融资对于其产业转型和知识性资本积累的重要性。Amable（2010）通过对专利质押与企业创新发展之间关系的研究发现，专利权作为质押物对提高企业融资杠杆以及扩大企业创新投资效益都非常有利[4]。Young 和 Rice 从中小金融机构角度研究发现，中小金融机构相对于大型金融机构能够更好地为科技型中小企业提供知识产权质押贷款服务，为自身吸纳更多的服务对象[5]。Douglas Cumming（2005）通过研究1982—2005 年澳大利亚的风险资金和私募基金在创业投资企业中的业绩，发现政府创业投资基金项目不仅能够为在创业初期或者科技型企业解决融资困难，而且还能为投资提供相关管理建议[6]。世界上公认的三大知识产权国美国、日本和德国是最早推行知识产权质押融资实践的国家，业务的开展对促进中小企业的成长及推动经济的发展起到了重大的作用。我国正在大力推行知识产权质押融资业务，并相继出台了一系列政策措施，投入了大量的人、财、物。尽管政府推动知识产权质押融资的热情高涨，但融资借贷双方却表现得不太积极，知识产权质押融资业务发展缓慢。究其主要原因：一是知识产权质押融资模式决定了质押风险产生的根源以及风险的承担者，而当前的质押融资模式还存在着不足；二是知识产权质押融资风险的复杂性和动态性使得防控难度加大，导致银行等金融机构对放贷持谨慎态度。由此可见，政府对于知识产权质押融资工作的关注与推动、科技型中小企业融资困境的亟待解决、国外知识产权质押融资的实践经验，共同为知识产权质押融资风险的研究提供了政策背景、现实需求和时代机遇。

1.2 研究问题的提出

知识产权质押融资业务是涉及融资企业、银行等金融机构以及中介机构的多主体参与的活动。知识产权质押融资风险的产生、传递及涌现贯穿业务的全过程。因此，我们有必要以知识产权质押融资模式为出发点，从根本上减少风险产生的影响因素，进而对知识产权质押融资风险的形成机理进行深入的研究，建立知识产权质押融资风险的静态评价模型和风险动态预警模型，在优选融资企业的基础上，进一步对放贷后的融资企业经营状况进行跟踪、监控和预警，及早发现还贷风险信号，降低银行等金融机构的放贷风险，同时避免和减少融资企业发生还款危机的可能。本书的具体研究内容包括以下几个方面。

①在目前金融科技和知识产权质押融资日益受到重视的环境下，如何激发各主体参与的积极性？知识产权质押融资模式是否符合质押融资主体的诉求？以及如何完善知识产权质押融资模式？

②知识产权质押融资业务是一个复杂的动态过程，需要将其作为一个复杂的系统工程展开研究。从系统论的角度来探讨融资业务的高风险性及风险实时变动性，包括影响知识产权质押融资风险的主要因素有哪些？风险是如何形成的？其传递路径有哪些？不同风险类别之间存在怎样的联系？风险如何最终涌现？

③熟知风险形成机理后，如何全方位地构建知识产权质押融资风险的评价指标体系，建立科学的风险静态评价模型以合理地评价融资风险并选择放贷对象？

④贷款发放后，融资业务并未全部完成，接受融资企业的经营和财务状况是一个变化的过程，发放贷款的安全性如何保证？融资企业的还贷风险能否实现实时跟踪监控？如何确定还贷风险的临界点？还贷风险预警临界值是否有有效性，如何加以检验？

本书将以上述问题作为研究的出发点和重点，构建知识产权质押融资创新模式、剖析质押融资风险的形成机理、评价和预警质押融资的风险，实现知识产权质押融资全过程的风险监控，以利于推广知识产权质押融资业务，促进创新，实现经济转型升级。

1.3　研究目的和意义

　　研究目的：知识产权质押融资是科技型中小企业实现融资、撬动创新驱动经济发展的重要杠杆，也是国家大力推广的创新模式。本书研究的目的在于从第三方动态风险监控平台的视角对知识产权质押融资模式及其风险进行系统化的研究。通过创新知识产权质押融资模式，以弱化知识产权质押融资各主体间信息不对称引发的沟通障碍，建立风险共担、收益共享的运行机制；剖析知识产权质押融资风险的主要影响因素，揭示知识产权质押融资风险的形成机理，构建系统化的知识产权质押融资风险静态评价体系；建立知识产权质押融资风险的静态评价模型和动态预警模型，通过衡量静态风险实现优选融资企业，以及为融资后监控和预警融资企业动态风险提供新的方法。

　　研究意义：国家对推广知识产权质押融资业务投入了较多的政策支持和关注，因而更加重视知识产权质押融资业务推广过程中存在的问题及解决措施。本书对知识产权质押融资模式创新、风险识别、静态风险评价和动态风险预警的研究，对于加快推进知识产权质押融资业务、缓解科技型中小企业融资困难具有十分重要的理论意义和实践价值。

　　①理论意义。本书的研究通过重构知识产权质押融资创新模式，从系统性视角揭示知识产权质押融资风险的形成机理，构建系统化的知识产权质押融资风险静态评价指标体系，建立风险静态评价模型，强化融资后动态风险的监控和预警，协调质押融资各参与主体间的协同互动发展，实现知识产权质押融资风险的全过程管理，极大地丰富和完善了国内外关于知识产权质押融资风险问题的理论研究成果，对于推进知识产权质押融资工作的开展具有理论指导意义。

　　②实践意义。本书提出的知识产权质押融资风险管理方法和策略，对于政府部门推进知识产权质押融资工作的深入开展具有重要的实践参考价值。对知识产权质押融资风险形成机理的研究有利于知识产权融资各参与方辨识风险影响因素及其传导路径，在实务操作中做到有的放矢地采取措

施、降低风险。第三方动态风险监控平台运用风险静态评价方法以及动态预警方法能够科学优选融资企业，实时监控和预警融资动态风险，有效评价融资企业还贷风险程度，实现更科学高效的全过程风险管理，为质押融资各参与方提供切实可行的指导，对于提高科技型中小企业知识产权资源的利用率以及风险应对能力、拓宽金融机构的业务范围、推进知识产权质押融资工作的开展，以及缓解企业融资困境均具有很强的实践指导意义。

第二章　概念界定和文献综述

2.1　基本概念界定

2.1.1　知识产权的概念界定

不同的学者对知识产权的概念进行了不同的界定。日本学者富田彻男（1993）从市场竞争的角度将知识产权定义为一种保护创新经营或者技术开发正常进行的权利制度。Bently，Sherman（2004）则从法律的角度将知识产权定义为一种无形的私人权利，具有保护价值的人类智慧以及信息的汇总集合，主要包括专利、商标权、外观设计和未披露的信息等[7]。世界知识产权组织将知识产权定义为人类智慧成果所用的标示、名称和图像，这里的智慧成果是指人的脑力、智力的创造物及与之相关的各类信息享有的各种权利，主要包含发明创造、文化艺术作品以及商业标记等。我国学者张玉敏（2001）和朱谢群（2008）均认为知识产权是民事主体所享有的支配创造性智力成果、商业标志以及其他具有商业价值的信息并排斥他人干涉的权利[8-9]。知识产权产生和应用的复杂特征很难有一个准确、固定的定义。综合不同学者对知识产权的定义可以看出，任何一种知识产权，都是人们充分利用其智力而取得的一定成果，并且依照法律的规定，在一定时期内享有专有权或独占权，同时得到国家相关法律规定保护的一种财产权利。因而，知识产权具有创造性、非物质性和排他性的特点。

在《TRIPS 协定》（与贸易有关的知识产权协议）中知识产权的具体内容包括：著作权及邻接权、专利权、工业品外观设计权、商标权、地理标志权（巴黎公约表达为原产地信息）、集成电路布图设计权、未公开披露的信息和植物新品种。其中，未公开披露的信息内容十分广泛，从企业保密技术、客户名单到商业秘密，凡是通过保密能为拥有者带来经济效益和社会效益的信息都包括在内。随着社会和科技的发展，知识产权的内容也在不断扩大和更新。1986 年颁布的《中华人民共和国民法通则》中明确提出著作权、专利权、商标权、发明权、发现权以及其他科技成果权 6 种知识产权。1993 年颁布的《中华人民共和国反不正当竞争法》中规定了制止商业秘密权和知名商品的包装等新型知识产权的不正当竞争权利。2001年颁布的《集成电路布图设计条例》中把集成电路布图设计权纳入知识产权的范围。可见，知识产权的种类随着社会经济的发展、新生事物的产生也得到不断丰富。本书主要研究的知识产权包括具有质押价值且可以为所有者带来经济效益的知识产权。

2.1.2　知识产权质押融资的概念界定

质押通常是指一种担保物权的设定和实行方式，即债务人或第三人将其财产作为质押物并移交给债权人占有，借贷双方签订质押合同，形成具有法律效力的交易行为。一旦债务人不能按照合同约定履行偿还债务义务，则债权人有权处置该质押物，并优先取得补偿款。融资是一个企业筹集资金的行为与过程。一般而言，企业融资渠道分为债务性融资和权益性融资。冯晓青（2012）指出知识产权质押融资通常是指债务人或者第三人以其特定的知识产权作为质押物向债权人出质，若债务人没有如期履行约定时，则债权人通过拍卖、变卖被质押的知识产权等优先受偿的贷款融资形式[10]。周启清等（2014）研究认为债务融资是我国中小企业融资的主要渠道，即使在拥有最为完善且成熟的资本融资体系的美国，债务融资仍是中小企业最为重要的融资来源[11]。知识产权质押融资是指知识产权的所有人用合法获得或自主研发的知识产权作为质押物，其价值经过评估后，银行等金融机构同意按照一定的比例发放贷款，融资方按期偿还本金和利息的一种融资行为，是一种新型的担保融资方式。Roger（2007）和 Davies（2006）的研究结果一致认为：在选择融资方式时，一方面，权益性融资的条件比较高，中小企业很难达到要求；另一方面，科技型中小企业拥有先进的技术和专利组合，对自身的发展前景有良好预期，发展初期需要融资时，一般不愿通过股权融资方式让渡公司的股份，因此会采用专利质押融资的创新方式[12-13]。知识产权质押融资属于债务性融资，是科技型中小企业融资的主要创新渠道。

2.1.3　知识产权质押融资风险的概念界定

知识产权质押融资是一个涉及多方主体参与的融资系统工程。知识产权质押融资风险可以理解为在知识产权质押融资业务过程中带给各参与主体收益的不确定性。知识产权质押融资作为一种新兴的知识产权资本化形式，它除了具有与传统的有形资产质押融资普遍存在的风险外，还具有其特殊的风险，如质押前的价值评估风险、质押期间的经济风险以及质押过程中的法律风险。知识产权往往代表现阶段最高的科技水平，具有很高的科学技术含量，但当前技术进步突飞猛进，更新换代迅速，知识产权的可替代性、产业化的难度以及市场前景的不确定性等均可能导致知识产权的经济价值发生变动；而知识产权的非物质性和独特性决定了其估值的难度，评估方法及评估人员的素质也极大地影响评估结果，从而影响质押融资的金额及还贷风险；知识产权质押融资的主体多为科技型中小企业，其资产以无形资产为主，一旦违约，银行等金融机构将承担更大的风险；同时，在现阶段我国知识产权确权和保护的相关法律法规在操作层面上的规定还不够清晰，担保制度尚不健全，知识产权交易市场尚未完善，这些都将增加知识产权质押融资风险。

2.2　知识产权融资风险研究综述

知识产权质押融资是目前知识产权融资业务中开展最多、发展最快的融资方式。近年来知识产权质押融资的研究也受到了学者们的关注，并取得了长足的发展。国内外学者集中对知识产权质押融资的模式、质押融资的风险影响因素及形成原因、质押融资风险的衡量，以及预警等问题进行了研究；研究方法也从定性研究逐步趋向于定量研究。有关知识产权质押融资风险的研究文献梳理如下。

2.2.1　知识产权质押融资模式相关研究

知识产权质押融资模式的研究多注重于政府是否参与，参与主体间的权衡关系以及在融资运作过程中政府所扮演的角色。从政府参与的程度角度，苏琰（2010）、欧晓文（2013）分别对北京模式、浦东模式、武汉模式和湘潭模式从参与主体的角色、运行过程中的风险和不同模式的利弊进行了比较和分析[14-15]。杨晨等（2010）将质押融资模式归纳为政府担保加补贴模式、政府担保模式和市场运作模式三种[16]。北京"展业通"模式是典型的政府担保加补贴模式。该模式由银行主导，政府资金扶持，同时配套多方分担风险机制，基于风险大大降低，各方参与的积极性显著提高。上海浦东模式是政府担保模式的代表。该模式由浦东新区政府成立的生产力促进中心作为担保方，设立保证金，一旦企业无法还贷，政府承担95%的风险。该种模式银行基本没有坏账风险，参与积极性高，但为了降低政府的风险，企业介入的门槛条件设置较高。市场运作模式中政府仅提供政府信用，其他均由市场自主调节来决定。江苏技术交易投融资平台是该模式的代表，鉴于我国的实际情况，该种模式的推广难度较大。由此可见，政府担保模式和市场运作模式很难进行推广。政府作为公共职能部门，不可能持续承担主要的担保责任；而当前我国的知识产权交易市场不成熟，运营服务体系尚不完善，不可能完全市场化运作。聂洪涛（2014）认为知识产权担保融资体现出强烈的政府主导性，这是由知识产权的特殊属性决定的，即使是发达国家也不例外。知识产权担保融资是一项复杂的系统工程，结合我国的实际情况，政府在知识产权担保融资过程中扮演着重要的角色，包括建立知识产权信息平台以及信贷信用担保体系、开展知识产权管理培训和咨询服务、积极推动扶持政策的制定[17]。由专业担保公司全额担保，政府采用贴息方式予以支持，银行、知识产权局、律师事务所、评估公司、担保公司等多方合作，构建共担风险的模式将是未来发展的方向。李增福和郑友环（2010）分别从法律和经济两个层面对知识产权质押融资风险进行了归类与分析，并结合我国实际情况提出构建"银政企合作"的多方共赢质押贷款模式[18]。凌辉贤（2011）在分析知识产权质押和证券化融资模式的基础上，提出建立政府主导型的知识产权融资模式[19]。郑柏鹤等（2014）从知识产权质押物角度建设性地提出了小微科技企业知识产权集合质押融资模式，并从模式的构成、功能与风险控制等维度进行了探讨[20]。刘沛佩（2011）提出推动创新发展机构、政府及中介机构的共同参与，建立多方参与、责任共同的风险分担机制，多方共同努力为知识产权质押融资"阵痛"开了一剂良药，以降低作为质押物的知识产权法律层面的风险[21]。杨茜（2014）通过分析科技型小微企业创新发展的融资障碍，提出科技型小微企业知识产权质押融资模式创新，构建集融资企业、政府和金融机构三者相互联系的科技型小微企业知识产权质押融资支持体系[22]。

一些学者结合区域经济发展特色及政府职能对不同地区的质押模式进行了研究。袁晓东和李晓桃（2008）提出金融机构可以开展专利质押融资证券化的尝试工作，如果企业具有专利许可未来收益，也可以尝试通过专利许可应收款证券化实现融资[23]。丘志乔（2011）总结出广东佛山南海区开展具有政府引导、企业参与和市场化运作特色的知识产权质押融资业务，建议政府应加强主导、银行应强化创新和审慎、企业应优化自身素质以及监管机构应优化监管措施[24]。余薇和秦英（2013）分析了南昌市真正缺少资金的中小企业融资遭冷遇的原因，在借鉴国内发达城市知识产权质押模式经验的基础上，从企业资格选择机制、贷前评估审查机制、风险分摊机制以及补贴措施等方面提出了有利于南昌市知识产权质押贷款的优化模式[25]。谭畅（2014）指出制约武汉市东湖高新区科技型中小企业开展知识产权质押融资业务的因素包括融资成本较高，缺乏有效的风险防范和处置机制，交易市场主体不成熟，并从政府、银行、中介和企业4个层面提出了优化质押模式的建议[26]。卢旭等（2015）在对重庆市知识产权质押融资运行模式分析的基础上，结合实际案例，提出应该在提高知识产权质押融资补贴，设置贷款风险补偿基金风险以及规范市场交易机制等方面进行完善[27]。李玉玲（2016）研究了山东省科技型中小企业知识产权质押融资模式，指出一个完善的知识产权质押融资模式应当是：一个以价值评估机制为基础，以政府直接资助为激励，以风险共担利益共享为原则，以交易市场建设机制为依托，以担保机构为保障的集政府、银行、企业、担保、评估等机构于一体的全方位、综合化的质押融资模式[28]。

2.2.2　知识产权质押融资风险影响因素相关研究

知识产权质押融资参与主体不同，则考虑的风险影响因素侧重也有所差异，国内外的学者分别从不同视角对质押融资风险的影响因素进行了相关研究。鲍新中和屈乔（2015）从银行视角将知识产权质押融资风险分为法律风险、知识产权风险、融资企业经营风险、银行自身风险和宏观风险5个维度，设计了风险衡量指标，运用模糊综合评价方法和层次分析法评价了知识产权质押融资案例的风险程度[29]。尹夏楠等（2016）从融资主体视角将知识产权质押融资风险分为财务管控风险、经营管控风险、知识产权自身风险、政府行为相关风险4个维度，并对风险的影响因素进行深入剖析，结合层次分析法和 VIKOR 方法对质押融资风险进行了评价[30]。Pennington 和 Sanchez（2007）、Crawford 和 Strasser（2008）分别从信用风险、侵权风险和补偿风险3个方面研究了知识产权从形成到质押过程中不同阶段存在的风险[31-32]。吴艳文和王新平（2011）对陕西省知识产权质押融资工作进展缓慢进行了分析，指出就银行而言主要原因是知识产权质押的风险太高，并从知识产权质押融资组织机构和融资方式，以及知识产权的价值、自身特性和变现5个维度剖析了风险影响因素[33]。章洁倩（2013）则基于银行视角对知识产权风险、知识产权质押管理风险、变现风险及经营风险的影响因素进行了分析，并进一步将各影响因素的风险衡量细化至11类29个具体衡量指标，构建风险评价指标体系并运用层次分析方法确定各指标的权重系数，然后加权计算该知识产权质押融资业务的风险；最后银行根据本身风险偏好来确定是否批准贷款[34]。

2.2.3　知识产权质押融资风险形成机理相关研究

知识产权融资是由功能不同、相互影响的不同参与主体通过合作博弈而最终实现的交易。梳理不同融资模式的参与主体间的动力机制与规律，有助于防范质押融资业务的风险。丁锦希和何梦云（2013）以苏州玉森制药公司知识产权质押融资项目为实证分析对象，从融资主体、融资流程、融资绩效评价等方面剖析知识产权质押融资运作机制，及其在创新药物领域的融资优势，为改善我国知识产权质押融资模式提供理论参考和建议[35]。程永文等（2015）运用有限理性理论分别从商业银行路径、知识产权人路径和公共政策路径 3 个维度剖析了知识产权质押融资风险的形成机理，认为银行是质押风险最直接和最敏锐的感知者，银行更关注借款人的经营风险和财务风险；在有限理性理论下，银行首先应考虑的是借款人的未来现金流状况而非盈利能力。知识产权人则更加重视知识产权价值估值风险和处置风险，其满意解是对质押知识产权的价值和清算价值的估计并设立保险；而政府更加关注知识产权在法律和政策方面的风险，以及参与主体或利益相关者的道德风险[36]。苑泽明和姚王信（2010）在分析知识产权定价机制的基础上，建立知识产权融资交易平台、资本平台和信息平台，进而提出企业场外创立融资、企业上市、增资扩股融资、知识产权证券化融资、信贷融资、交易融资、其他场外融资等务实的实现路径[37]。徐静等（2015）认为知识产权质押融资由资金需求主体、资金供给主体、中介机构以及政府等共同参与，业务系统中包含大量的影响因素，相互作用产生反馈变量。为了剖析融资过程中变量间的反馈关系及其相互作用机理，该文从结构—行为视角对知识产权质押融资过程进行系统动力建模，并模拟分析其动态行为模式。研究认为银行应充分关注质押贷款可能存在的市场风险以及借款人的还款能力；较高研发投入的企业有利于保持其知识产权的价值及知识产权的先进性；政府则应注重发挥引导、协同、扶持和服务功能的作用[38]。

2.2.4　知识产权价值估值风险相关研究

美国著名的会计学家 E. S. Hendrickson 教授在《会计学理论》名著中称"知识产权价值评估是知识产权担保融资的关键环节，也是高度专业化的工作，评估过程中对细节问题的不同处理，都可能导致评估结果差异巨大"。因此，知识产权融资估值是影响知识产权融资进程的关键环节。Won, Sung 和 Lobo（2000）依据披露的无形资产、相关摊销费用和公司权益市场价值的数据，从会计政策和财务报告视角研究了无形资产市场估价的问题，结果表明金融市场对无形资产价值的估价具有积极的作用，且无形资产的市场价值一般均低于其他资产的评估值[39]。选择不同的知识产权评估方法对知识产权价值估值将产生很大的影响。正如 Fishman（2003）所言，专利具有独创和历史资料缺乏的特性，因而标准的评估方法很难建立[40]。苑泽明（2012）则认为由于缺少实践基础，实务中虽然运用实物期权法等评估方法对知识产权的价值进行估值，但评估中涉及的参数更加难以确定，因此知识产权价值评估实务中市场法、成本法和收益法仍是主要估值方法，且收益法使用最普遍。为了降低收益法中收益分成率的主观随意性，作者在调查问卷的基础上，采用因子分析法筛选了 28 个评估价值影响因子，建立影响因素结构体系，确定其权重，并借助专家打分，以期提高评估实务中收益分成率的客观性和可靠性，实现知识产权质押价值评估的准确性[41]。收益法在实务中的运用被大多数人所认可。苏任刚等（2015）认为当前的信贷市场是贷款方的市场，银行贷款的关键是风险的控制，信贷违约的风险是在未来产生的，银行并不关心知识产权的历史成本，甚至是当前的市场价值，未来可实现的价值才是银行所关注的，而知识产权未来的超额收益需要同其他资产组合实现。文章基于期望超额收益理论，运用价值速算和集值统计的方法，层层分离出知识产权的价值，以知识产权评估值为依据运用博弈论从借贷双方的立场来确定借贷的金额[42]。谭中明等（2013）提出了改进的传统收益模型，其中，重点阐述了影响质押价值评估的质押风险系数的构造，通过案例算法说明具体的操作过程，并从技术与产品风险、企业风险、法律风险以及道德风险 4 个维度系统估测了质押知识产权的收益能力与整体风险，以确定知识产权的价值[43]。Lai 和 Che（2009）、夏阳和顾新（2012）则分别通过反向传播神经网络建立专利估价模型以及引入资本资产定价模型（CAPM）计算知识产权的价值[44-45]。

2.2.5　知识产权质押融资风险监控和预警相关研究

知识产权融资风险的影响因素的复杂性导致国内外学者对其风险的识别、测度和管控备受关注。国外学者多从宏观角度对质押风险进行了研究。Bester（1985）认为借贷方可以通过选择借贷合约的类别对借贷者的风险程度进行判断，低风险的偏好者通常选择有质押物且低利率的融资方式，而高风险的偏好者则会选择无质押且高利率的融资方式[46]。类似的研究结果，Besanko 和 Thakor（1987）通过研究质押物的信贷合约发现，低风险的偏好者倾向于选择低利率和高质押融资方式，而高风险偏好者则选择高利率和低质押物的融资方式，并认为可以通过信贷配给来判别融资企业的信贷风险[47]。Lehmann 和 Neuberger（2001）、Jimnez 等（2006）的研究一致认为，可以通过质押物逆向选择传递的信号进行风险判断，高风险偏好者通常给予质押物的价值比较低，因而质押物的评估值高低也可以作为银行分辨借贷者风险程度的一个衡量指标[48-49]。但研究学者中也发出了不同意见的声音，如 Cressy 和 Toivanen（2006）则认为企业的融资风险程度并不受质押物价值高低的影响，两者间没有显著相关关系[50]。Wonglimpiryarat（2007）指出银行风险的管理可以借用 EVA 模型来测度银行提供风险资本的效率与风险投资回报的关系[51]。J P Niinimaki（2011）则提出了判别融资方式的风险程度需要考虑质押物价值的方差、项目成功概率的方差、前两者之间的协方差和质押融资成本等因素，而不能简单地以质押物的预先评估价值来断定[52]。

与国外研究相比，国内学者则更倾向于采用多元化的计量方法从微观层面对风险预警进行研究。何慧芳和刘长虹（2013）分析了广东省知识产权质押风险控制的三种主要方式：①搭建多机构合作的知识产权质押融资服务平台；②政府通过财政支持建设良好的融资运营环境，降低质押融资的政策性风险；③从银行方面来看，需要加强审查力度，审慎设置放贷条件以控制风险。文章在实际调研的基础上，区分企业内部风险和外部风险并进一步细化风险指标，建立质押融资风险预警模型，运用模糊分析法从量化视角强化知识产权质押融资风险预警控制机制[53]。周文光和黄瑞华

（2010）认为知识产权风险预警过程包括明确知识产权质押融资风险预警标准、建立风险预警指标体系、确定指标权重、搜集数据、计算知识产权风险，以及判断风险水平和制定措施；并阐述了风险预警机制各要素与预警过程之间的关系[54]。夏阳和顾新（2012）运用层次分析法与模糊评价法相结合的风险评估与风险分析方法，测度了科技型中小企业知识产权投融资风险之间的相互关系，并引入某软件企业智能交通系统这一知识产权投融资案例，实证分析科技型中小企业知识产权投融资风险管理系统[55]。程永文等（2015）从有限理性视角诠释了知识产权质押融资风险机理的形成，运用因子分析方法建立了风险评估模型，实证结果表明我国知识产权质押融资初期阶段，政府在推动融资业务中发挥了主导作用，对降低融资风险产生一定的影响[36]。鲍新中、董玉环（2016）从银行视角归纳了知识产权质押融资的不同风险，构建风险评价指标体系，运用基于可能度的多属性决策方法评价了质押融资的风险[56]。

此外，一些学者对风险监控和防范也进行了研究。朱锋（2011）从强化可操作性和针对性角度提出应根据银行的贷前风险、贷中风险和贷后风险构建一个知识产权质押贷款风险防范框架[57]。华荷锋和杨晨（2011）、杨晨和夏钰（2012）提出通过细化知识产权融资服务体系和完善政府管理服务模式来降低质押融资风险[58-59]。范晓宇（2010）从知识产权战略角度提出可根据知识产权融资的发展阶段特征推行政策银行模式以降低风险[60]。

2.3　研究述评

从研究内容的变化来看，早期研究质押融资模式特点的文献较多，近年来对模式创新的建议和风险问题研究的文献更多一些。研究取得的主要成果如下。

①知识产权质押融资模式具有丰富的文献资料。我国知识产权质押融资业务最早起始于1997年，但真正开始重视并纳入实践操作不到10年的时间，因此大部分的研究内容均基于知识产权质押融资运作模式实践操作

情况，从实践上升到理论，对当前具有代表性的运作模式进行介绍，并多从政府作用的差异视角进行简单的比较分析，如北京模式、上海模式等，提出质押融资模式的构建需要重点考虑风险和收益的对等原则。

②知识产权质押融资风险影响因素分析和风险形成机理分析视角具有多维性。关于知识产权质押融资风险影响因素的研究文献比较多，剖析影响因素的视角各具特色，从参与主体维度视角，比如融资企业、银行金融机构等；从融资风险的维度视角，比如信用风险、补偿风险、侵权风险角度等。对影响因素的测度不仅仅停留于定性分析，并且进一步运用定量的方法对影响因素的重要程度进行了评价，比如层次分析法、模糊综合评价方法以及 VIKOR 方法等。目前知识产权质押融资风险形成机理的研究文章数量不多，但学者们均认识到知识产权质押融资体系是一个系统工程，融资企业、银行等金融机构、中介机构等参与方之间是相互合作又相互竞争的关系，它们共同作用有机地联结在一起。个别学者从宏观多主体角度探讨了资金短缺方、资金供给方、中介机构以及政府各主体间影响融资因素之间的反馈关系和内在作用机理，这对于厘清参与主体之间的关系及风险具有传递性的研究具有很大的帮助。

③知识产权融资风险的评价方法具有多样性。学术界对融资风险的测度、评价和管控分别从宏观和微观展开了相关的研究。宏观角度的研究认为质押物风险的高低对于融资成本有一定的影响作用；而质押物的风险不仅与质押物本身估值有密切关系，而且与质押物价值的方差、项目成功率以及融资成本等因素相关；完善的质押融资运营环境有利于降低融资风险。微观角度的研究则从某一主体视角，比如银行视角、融资企业视角、政府视角等，测度其静态风险程度并提出管制措施。或者单纯研究某一种知识产权质押融资风险，如知识产权价值估值风险，价值估值直接影响融资能否成功以及融资额度的高低，无论企业、金融机构还是中介机构均对其引起了足够的重视，当前对知识产权价值估值方法的研究已突破传统的三种方法计量的限制，引入了其他领域的计量模型，并对价值估值的风险进行了定性分析研究。

学者们对知识产权质押融资模式、运行机理、风险影响因素、估值风险到质押风险监控和预警进行了较全面的研究，但对于研究内容的视角、深度和研究方法方面仍然有欠缺，研究过程尚有改进之处。存在的具体问题如下。

①从研究内容的视角来看，首先，忽略了质押融资是一个复杂的系统工程。无论是对知识产权质押融资模式还是融资风险的研究，大多数学者均从单一主体视角进行了分析，如银行视角、融资企业视角、政府视角等。而在知识产权质押融资业务中，各主体间的行为具有关联性，所有参与主体经过多方博弈才能达成融资业务的交易。因而迫切需要从整个系统的视角着手进行研究，而非停留在某单一主体行为或其中的某几个主体的行为。比如，质押融资风险的评价，单纯地从融资企业或者银行角度去评价，满足被评价主体的评价结果可能并不被其他参与主体所接受，而交易行为是需要各主体共同参与才能实现的。其次，知识产权质押融资是一个逐步趋于市场化的行为，风险源于各参与主体之间的信息不对称以及风险收益运行机制等问题，质押融资模式应随着科学技术的进步和环境的变化不断进行改进和创新，应采用市场化的手段降低风险。关于弱化信息不对称，解决参与各方之间的信息传递和沟通问题、权衡各方风险和收益匹配、实现各方利益最大化等内容的研究仍存在欠缺，而这些均与质押融资模式息息相关。

②从研究内容的深度来看，大多学者对知识产权质押融资风险的研究更偏重于宏观的法律和政策层面，而从金融和管理层面可操作性的深入研究相对偏弱，较多的集中于质押融资风险的影响因素，而对风险产生、形成和传递缺少系统的分析，风险传递路径不清晰，挖掘深度不够，缺少理论的支持。此外，目前对融资后动态风险的监控和预警更是鲜有文献研究。随着科技与金融的深度融合，这些内容研究的滞后对知识产权质押融资工作推进的阻碍效果将会越来越明显。

③从研究方法的演化来看，对知识产权质押融资风险的量化研究需要改进。虽然个别学者从最初的风险定性分析研究转化为采用数学统计的方法对融资风险进行了微观计量，但量化研究仅限于风险的静态评价，且评价方法和研究视角单一。如从银行视角采用层次分析方法，或者从融资企

业视角采用 VIKOR 方法。由于知识产权质押融资是一个系统工程，业务的推进需要各参与方之间的相互合作，从单一主体视角来构建风险评价指标体系本身就具有片面性，并且知识产权质押融资风险衡量指标有时很难准确量化，因此急需探索运用系统性、多学科交叉性质的研究方法更科学地测度融资风险。此外，相对于采用截面数据进行静态评价风险的研究来说，融资后动态风险的研究仍是空白。现实中，放贷后融资企业的财务状况和经营状况的变化成为融资参与方关注的重点，从理论角度来说，放贷后融资企业动态风险的监控及预警是构成质押融资风险不可或缺的组成部分。因此，如何在知识产权质押融资风险静态评价的基础上实现风险动态监控及预警也是当前理论和实践亟待解决的研究课题。

第二篇

风险形成机理篇

第三章　知识产权质押融资流程与
风险影响因素分析

知识产权质押融资是一个复杂、动态、开放的系统工程，为了更好地研究知识产权质押融资风险，在本篇中的第三章和第四章，将运用系统动力学方法，从系统论的观点阐释知识产权质押融资风险产生的原因、传递路径及形成机理。系统动力学理论能够详尽描述知识产权质押融资体系中各参与主体间相互影响的轨迹，依据知识产权质押融资行为导向及其运行规则，确定知识产权质押融资风险识别系统的边界和层次，剖析影响知识产权质押融资风险的主要影响因素，归纳并梳理风险种类，刻画风险的形成路径，以更加直观地展现系统中风险的因果反馈作用，进而揭示知识产权质押融资风险的形成机理。

3.1　知识产权质押融资典型流程分析

3.1.1　知识产权质押融资的典型模式

知识产权质押融资是指知识产权权利人以其合法且目前仍有效的专利权、注册商标权、著作权等知识产权中的财产权经评估后作为质押标的物，从银行等融资服务机构获得资金，并按期偿还资金本息的一种融资方式；若债务人不能如约清偿债务时，银行等融资服务机构有权依法将该质押标的物折价或者以拍卖、变卖该资产的价款优先受偿。从横向来比较，最为基础的，同时也为我国知识产权法律部门所确认的有三类，即专利权、商标权和著作权，其他的新型知识产权还有集成电路设计图、农业新品种、特有/专有技术等。随着社会日益发展和知识产权商品化的不断深入，原有的三大传统知识产权必然不能够满足知识产权质押融资的业务需求，也与资本运作的现代商业经营模式和商品化的知识产权不相符。这就要求知识产权质押融资的业务接受范围必须随着经济生活中知识产权商品化程度的加深和知识产权种类的增加而扩大。

根据北京、广州、上海等地融资实践，我国目前存在的知识产权质押融资业务根据政府在其中发挥作用的大小可以归纳为政府主导、政府鼓励下市场化和市场主导三种模式。政府主导模式下，科技型中小企业将属于自身的知识产权质押给政府指定的机构，或是担保基金，抑或是具有政府性质的担保机构，该机构对拟质押的知识产权进行价值评估，然后政府根据评估结果指定金融机构对符合条件的中小企业提供贷款。这种模式的特点是政府在该融资过程中占据了主导地位，承担了主要风险，所以整个贷款过程都将处于政府的管理和监督之下，上海市浦东新区和四川省成都市是该模式中的典型。政府鼓励下的模式中，政府作为引导者和推动者，除了制定政策法规、组织搭建服务平台外，政府还通过财政资金补贴融资企业的融资成本、奖励和补贴中介机构、奖励贷款机构和补偿融资服务机构的风险，以及通过提供政府信用担保或者政府信用再担保介入知识产权质押融资。北京市科委、海淀区政府以及中关村知识产权促进局等目前采用的就是这种模式。纯市场化的知识产权质押融资模式，其特点是政府在融资过程中既不提供财政支持和信用支持，也不提供金融支持，所做的主要是完善相关的法律法规，搭建服务平台，通过政策为质押融资营造良好的环境，鼓励金融机构与市场进行完全市场化的知识产权质押融资，政府在该过程中的角色定位是服务者和监督者。我国纯市场化模式的知识产权质押融资的典型地区有湖南湘潭、广东深圳。

3.1.2 我国知识产权质押融资的典型运行流程

知识产权质押融资指合法拥有知识产权的融资企业，以知识产权作为质押标的物，向银行申请贷款的过程。该流程起源于融资企业和金融机构两方面主体，融资企业是资金的需求者和业务活动的发起人，而银行是资金的提供者也是风险的主要承担者，但是，出于谨慎性原则的考虑，银行会利用尽可能多的渠道获取融资企业状况和质押标的物——知识产权的信息，从而评估是否放贷，然而由于知识产权的专有性、收益的不确定性等，使得银行决策依然面临很大的风险。鉴于此，专业化的知识产权评估机构及第三方风险分担机构就应运而生。因此，涉及知识产权价值、法律状态评估机构、融资方、金融机构等各方面主体的质押融资业务具体流程如图 3 - 1 所示。

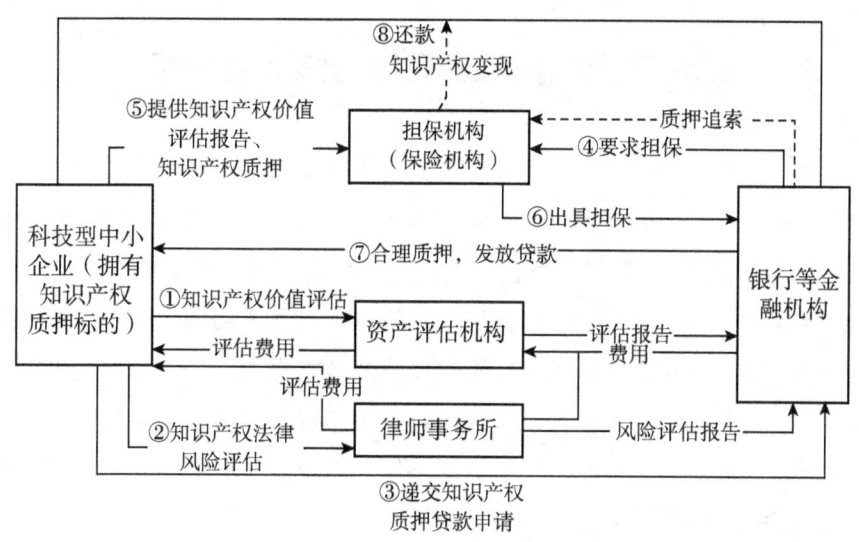

图 3 - 1　知识产权质押融资一般流程

首先，资产评估机构采用未来收益法即通过估算被质押知识产权的未来预期收益并折算成现值，来合理量化知识产权资产的价值，律师事务所对评估质押的知识产权是否已登记并受法律保护、法律保护的类别及年限、所有权是否归属融资企业等方面进行评估和审计，针对预审结果资产评估机构和律师事务所联合出具知识产权价值评估报告及意见书，作为融资企业质押贷款的申请报告；其次，融资企业向银行等金融机构提交贷款申请并将知识产权出质给专业担保机构等第三人，担保机构通过考察融资企业的运营、知识产权资产质押、纳税、信用和企业主体等情况以及财务状况后，与贷款银行沟通，明确银行拟贷款的金额和期限，并与企业签订担保协议，在银行放贷的同时向企业收取担保费用，并于贷款到期前一个月预先提示企业还贷，保证资金流的正常运转，担保机构还需向银行保证如果贷款人到期不履行还款义务，将补偿其损失；再次，银行等金融机构在中介机构审计和评估的基础上，对融资企业的信息进行复核，信息合格的基础上与融资企业签订借款合同以及质押合同，发放贷款；最后，贷款到期时融资企业还本付息，若企业不能按期清偿知识产权质押贷款，金融机构通过追索权保证债权的实现。

3.2　知识产权质押融资风险影响因素分析

知识产权质押融资作为科技与金融的创新融合，科技型企业以其核心竞争力的资产——知识产权作为质押物向银行申请贷款融资，为企业的发展注入新的活力。但实际操作过程中，知识产权质押融资的推广相当艰难，风险是参与各方尤其是银行等金融机构首先考虑的因素。根据有限理性理论，我们不可能做到把所有影响风险的因素全部、毫无遗漏地进行考虑。在信息认知有限的情况下，我们将知识产权质押融资体系作为一个整体的系统置于社会环境中，重点对影响知识产权质押融资风险的主要因素由外至内进行识别、筛选和分析。

3.2.1　外部环境影响因素

（1）政府扶持政策

政府扶持政策对促进科技金融的发展具有重要的影响[61-62]。知识产权质押融资是加快我国知识产权强国推进计划的具体运用，业务发展初期，政府作为知识产权质押融资模式的参与主体，其主要作用是支持和服务于知识产权质押融资业务，推进质押融资业务健康快速发展。因此，从属性上来说，政府更倾向于知识产权质押融资风险的外部环境影响因素。知识产权质押融资具有高成本、高风险、手续复杂以及知识产权服务的高专业性等特征，这些都影响了融资企业和金融机构参与的积极性，政府更需要加强在政策法规方面的管控以及财政政策的支持[63]，健全的知识产权质押融资相关政策是保障知识产权交易的基本条件。当前，国家政府各部门陆续出台了一些政策性文件，具体包括《专利权质押合同登记管理暂行办法》《关于加强知识产权质押融资与评估管理支持中小企业发展的通知》等。为了鼓励融资企业、金融机构和其他社会机构积极参与知识产权质押融资业务，各地方政府也结合当地的实际情况制定了一系列的财政支持政策。这些政策大致可以归为两类：一类是直接降低融资成本、鼓励社会机构积极参与的资金支持。比如，降低融资企业的融资成本，给予企业一定比例的贴息；鼓励银行金融机构的参与，对银行金融机构进行奖励或者承担部分贷款损失补偿；调动担保公司、评估机构和律师事务所等中介机构的积极性，对这些机构进行费用补贴等。另一类是提供资金构建科学的知识产权质押融资体系以化解风险的措施。比如，政策性担保公司、风险准备金、政府出资成立知识产权运营基金、鼓励再担保机构、建立知识产权交易中心等，这些都不同程度地降低了知识产权质押融资的风险。

（2）产业发展前景

科技型中小企业是以科技创新为核心竞争力的企业，拥有大量的知识产权，但固定资产占比较低，因此，激活知识产权、运用知识产权质押方式获取所需资金是这些企业所期待的。从产业外部来说，政府通过相关政策作用于产业经济链条，从而影响产业的发展[64-65]，融资企业所属的产业不同对知识产权质押融资的影响也存在差异。如果国家扶持特定产业的发展，则该产业内的企业发展迅速，并有可能享受某些优惠措施，有利于企业的经营发展，知识产权质押融资的风险较低；反之，风险则高。同时，融资企业所处的产业生命周期不同，风险也会受到影响[66]。如果所属产业处于发展的成熟期，则知识产权相对比较稳定，质押融资的风险就较低；反之，若是处于技术成长期，核心专利少，知识产权更替速度快，则知识产权质押融资的风险就较高。从产业内部来说，同一产业内部不同企业之间的竞争激烈程度也影响知识产权质押融资的风险。如果所属行业的进入门槛较低，则企业的数量较多，竞争强度增大，知识产权的质押融资风险提高。

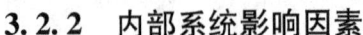

3.2.2　内部系统影响因素

知识产权质押融资系统内部的风险因素主要来源于各参与方、各参与方之间的关系以及质押物知识产权的特殊性质。其中，各参与方具体包括融资企业、银行、担保机构、评估事务所、律师事务所以及第三方动态风险监控平台。

（1）融资企业内部存在的风险影响因素

知识产权质押融资系统中，融资企业和金融机构是交易的主要参与方，金融机构根据质押融资企业的风险程度决定是否放贷，如果融资企业的风险相对较低，则金融机构同意放贷；如果融资企业具有很高的风险，则金融机构也不会同意放贷[30]。因此，融资企业是知识产权质押融资过程中的重要风险来源，梳理分析融资企业内部的风险对推广知识产权质押融资业务非常有利。决定融资企业是否能够按时偿还贷款的主要条件有三个：一是企业贷款到期时是否有足够的现金进行偿还；二是企业是否有偿还的意愿，如果企业有足够的资金，但不打算偿还，仍然会选择违约；企业只有在拥有充足的资金且愿意按期偿还，才能实现按时履约；三是质押物知识产权价值的稳定性。如果质押物具有稳定的价值并且具有较强的变现能力，即使融资企业发生违约行为，也不会对银行构成较大的风险，因为一般情况下，融资款只占质押物价值的30%左右。因此，对于融资企业来说，知识产权状况也是必须考虑的因素。据此可以推测，融资企业的风险影响因素包括企业的经济实力、企业的诚信程度以及企业知识产权自身状况。企业的经济实力包括企业偿债能力、盈利能力、发展能力和企业的现金持有水平。在研读相关文献资料及财务分析专业知识的基础上，确定经济实力的衡量指标[67-72]。其中，企业偿债能力包括流动比率、资产负债率和利息保障倍数；盈利能力包括净资产收益率、销售净利率和总资产报酬率；发展能力包括销售增长率、总资产增长率和可持续增长率；企业的现金持有水平包括现金比率和营业收入现金比率。企业的诚信程度包括企业的综合素质和信用状况。其中，企业的综合素质包括管理层素质和员工素质；信用状况包括贷款违约率、信用级别和企业规模。企业知识产权自身状况包括知识产权创新水平和管理水平。知识产权创新水平包括知识产权的技术含量、知识产权的数量和研发人员比重；知识产权管理水平包括是否有专门机构或人员进行管理、知识产权权属的明晰性、知识产权的保护程度和知识产权的变现能力。

（2）银行等金融机构的风险影响因素

银行主要承担的风险体现在融资企业一旦不能按期偿还贷款所承担的损失。研究表明，高科技公司以无形资产为主，一旦陷入财务危机，银行将承受的价值损失可能会高达80%，而以有形资产为主的公司，例如烟草、铁路、石油等，即使陷入财务危机，银行承受的损失大约10%[73]，这也是银行在审核科技型中小融资企业时特别严格的主要原因。在知识产权质押融资业务中，银行通过审核由第三方动态风险监控平台推荐的融资企业以及中介机构的信息而决定是否贷款给融资企业。进行贷款前，银行要经历评估、审批、签订协议、登记、签订合同、银行放款等环节，银行操作人员必须认真审核融资企业提供的信息，严格履行贷款流程的每一个环节，以降低银行放贷的风险。放贷后，银行应该积极与风险监控平台进行沟通，及时获取融资企业的动态信息，建立风险追踪和风险报告系统，一旦超过了风险预警线而未经察觉，没有采取有效防范风险的行为，最终将产生损失。如果发生违约情况，将变卖质押物补偿损失，不足部分按合同约定由担保公司和风险监控平台来补偿。知识产权质押影响银行风险的因素包括信贷人员的素质、贷款流程的严密性、企业信息的真实性和完整性、跟踪系统完善程度、担保机构的实力、第三方监控平台的实力以及知识产权处置的难易程度等。

（3）中介机构内部存在的风险影响因素

担保机构的风险影响因素。担保机构的风险主要来源于融资企业能否按期偿还贷款，企业一旦违约，担保公司应按合同约定赔偿银行的贷款额度以及处置质押的知识产权得到金额的部分差额。作为知识产权质押融资业务中的担保方，其担保对象大多是缺少高价值固定资产的中小型科技企业，并且这些企业不能通过常规的信贷标准从银行取得贷款，无疑增大了担保机构的担保风险。质押物知识产权的特殊性也将影响担保机构的风险[74-76]。知识产权的处置受到当前知识产权交易市场活跃度弱、交易手续繁杂及交易量的限制，难以像实物资产一样进行拍卖、转让等方式收回资金，变现能力相对较差，从而增加了担保机构的风险。

评估事务所的风险影响因素。知识产权评估价值的风险集中体现在价值评估是否准确。知识产权价值估值的影响因素比较复杂，评估人员的综合素质、评估方法的选择、评估制度的完备性、评估准则的实用性以及技术市场、经济环境等因素的变化都会影响到知识产权价值的评估[77-79]。①评估人员的专业技术和职业道德直接影响知识产权价值估值的准确性和合理性。随着知识产权估值业务的迅速增长，评估人员的需求量持续增加，导致当前评估人员的素质参差不齐。知识产权质押价值的估值对评估人员的技术水平和职业素养要求较高，从而加大了知识产权价值估值的风险。②知识产权价值评估方法的选择也会直接影响估值结果。当前实务中常用的知识产权估值方法较多，比如成本法、收益法、重置方法、折现法、创新的收益法等，每种方法都有其适用的范围和条件限制，同样的知识产权在不同的估值环境下选择的方法可能不同，估值的结果也存在差异。③评估制度越完备、评估准则越实用，则对评估的指导性越强，估值的结果也越准确。此外，知识产权的法律存续状态具有时间期限和空间范围的限制，在知识产权存续期间，随着相关技术市场、政策、所属行业及经济等因素的变化，必然会引起质押知识产权价值的变动。比如，在质押期间，可能由于代替性技术的创新而导致质押知识产权的价值大幅度贬值。

律师事务所的风险影响因素。律师事务所的风险主要表现为法律风险，即对质押知识产权的确权，它决定了知识产权价值评估的准确度、质押是否有效，以及发生贷款违约时知识产权能否顺利变现[80-82]。但知识产权的非物质性决定了其不能够通过占有以明确所处的法律状态，因为受知识产权特征的局限，知识产权本身的权利可能存在较大的不稳定性，导致权利人的权属与权益的不确定性，从而可能产生权属争议。影响知识产权确权的因素主要有：律所人员的综合素质、相关法律规定是否完善。确权人员的专业技术和职业操守能够帮助判断作为质押标的的知识产权是否具备融资质押物的资格，质押知识产权的权属是否清晰，是否有相关的法律法规来判断质押的知识产权是否存在法律纠纷等问题，这些都将直接影响到质押融资业务后续的环节。

（4）第三方动态风险监控平台存在的风险影响因素

第三方动态风险监控平台作为知识产权质押融资系统中收集信息和传递信息的中枢，在操作过程中，需要大量的计算机技术，其面临的主要风险就是信息收集的及时性和保密性、融资企业和中介机构资格的审核以及操作系统的安全性。影响其风险的主要因素是监控平台人员的综合素质。信息收集和传递、融资企业和中介机构资质的审核、信息传递系统的维护等都需要高素质的工作人员。如果动态风险监控平台对融资企业和中介机构资质的审核标准制定不合理，流程不规范，审核不严密，造成信用评定准确性不真实，将错误的信息传递给银行，而银行根据错误的信息做出错误的决策，不仅会给第三方动态风险监控机构带来风险，而且也会给银行和中介机构带来风险。第三方动态风险监控平台建有自己的数据库，包括融资企业、中介机构以及知识产权运营机构的信息，部分数据属于商业机密，也是监控平台盈利的资源，一旦操作系统被病毒或黑客入侵造成信息泄露，必然加大质押融资的风险。

（5）参与主体之间存在的风险影响因素

根据合作博弈理论，知识产权质押融资体系中各参与主体间的合作紧密程度直接影响到知识产权质押融资的风险。第三方动态风险监控平台与各参与主体之间、融资企业与银行等金融机构、律师事务所与评估机构、评估机构与担保机构之间的任何一个环节出现问题，都可能造成违约风险。参与方之间的合作密切程度与合作的期限和交易状况息息相关。参与方之间合作年限越长，交易频率较高且无违约情况发生，则质押融资的风险就低。在各方的合作博弈关系中，风险监控平台向银行推荐融资企业和担保机构，一旦发生违约状况，风险监控平台和担保机构必然承担部分损失；担保机构与银行风险分担比例的减小会使得担保机构的经济效益增加，但银行的经济效益下降不大[83]。当前，知识产权质押融资中处于优势地位的银行仅仅承担了很小的一部分风险，担保机构几乎承担了全部风险，银行放弃较小的收益会大幅增加质押系统整体收益的增加，银行可以通过增加交易数量补偿小幅度下降的损失。但如果质押融资业务能够顺利进行，则风险监控平台应该向银行收取服务费用，毕竟第三方风险监控平台的引入不仅减轻了银行等金融机构的工作量，而且还提供了更为专业的服务。融资企业是知识产权质押融资体系中融资的需求者和发起者，融资企业本身的风险直接影响着整个融资体系交易顺利完成的可能性。如果融资企业在本行业中具有较强的竞争力，并且与第三方风险监控平台密切合作的程度越高，提供给监控平台的信息越真实、越及时，则会有效降低知识产权质押融资的风险。在整个知识产权质押融资系统中，第三方动态风险监控平台是联系各参与方的枢纽，监控平台的实力为质押融资业务的顺利进行起到了关键的作用。因此，风险监控平台对知识产权质押融资风险的影响必须受到重视。

3.3　本章小结

在分析知识产权质押融资典型模式的基础上，刻画出知识产权质押融资的典型运行流程。然后，对影响知识产权质押融资风险的主要因素由外至内进行识别、筛选和分析，提炼出知识产权质押融资风险的关键影响因素。从外部环境影响因素和内部系统影响因素两个方面对知识产权质押融资风险的影响因素进行了总结。其中，外部环境影响因素主要是指政府政策扶持和产业发展前景因素，而内部系统影响因素则包括融资知识产权权利人企业内部、银行等金融机构、中介机构、第三方服务平台等多个参与主体内部存在的风险因素。风险影响因素的描述为后面进一步开展知识产权质押融资形成机理的分析以及后续开展风险评价和预警的研究奠定了基础。

第四章　知识产权质押融资
风险形成机理分析

4.1　系统动力学在风险分析中的优势及建模基础

4.1.1　系统动力学原理

系统动力学是美国麻省理工学院 Forrester J. W. 教授于 1956 年提出的新兴仿真系统，是一门注重研究系统反馈结构与行为的学科。系统动力学方法（System Dynamics，SD）是以系统论和信息论为理论基础，以社会系统为主要研究对象，将研究系统的内部结构通过因果关系图及其关系反馈环来描述，是一种处理社会、生态和经济等高度非线性、多变量、高阶次、多重反馈和复杂实时变化系统问题的方法，同时也是一种综合研究多层次、多部门复杂大系统的方法[84]。系统动力学能够从系统的内部结构来探究问题发生的根源，运用反馈函数描述大型复杂系统的整体性和非线性特点，构建系统动力学模型，对数据不足以及数据处理精度不高的复杂性社会科学问题进行仿真实验。因其独特的系统思考方式，系统动力学从 20 世纪 90 年代开始逐渐得到广泛的传播和应用，由早期的主要应用于工业动力学系统研究发展到宏观经济规划、重大项目管理领域以及微观的公司战略管理、系统风险管理等研究领域。

在一个由多方主体构成的交易系统中，众多因素之间相互作用、相互影响，从而形成不同因素之间的因果关系。即在一个系统中都可以找到不同因素之间存在的某种联系，所有的联系可以用因果关系来描述形成系统的结构。在系统动力学模型中，相互影响因素之间的因果关系称为"因果链"，用矢量线来表示，因果链是构建模型的基础。例如，存在 X、Y 两个变量，如果变量 X 的增加同时会引起变量 Y 的增加；或者变量 X 的减少也会同时引起变量 Y 的减少，即变量 X 和 Y 的变动方向一致，则称之为"正因果链"，一般在箭头或矢量线的手柄旁边用"＋"表示。反之，如果变量 X、Y 的变动方向相反，则称之为"负因果链"，在箭头或矢量线的手柄旁边用"－"表示。相互影响的因果链首尾衔接形成的闭合环路称之为因果反馈环。因果反馈环也有正因果反馈环和负因果反馈环之分。正因果反馈环具有自我强化的作用，即反馈环中任何一个变量的变化经过反馈环运行一圈后，最终会使该变量同方向变动的趋势增强；反之，则为负因果反馈环。构建因果关系图可以直观地反映影响因素之间的因果关系，以及由这些因果关系构成的反馈回路，从而分析某种状态的起源、路径以及运行过程。

4.1.2　系统动力学引入知识产权质押融资风险分析中的优势

系统动力学可以运用定性和定量的方法模拟和分析系统的动态行为，近几年在风险分析和管理过程中得到了广泛的应用。王发明等（2006）利用系统动力学理论从网络结构视角研究了产业集群风险的形成及传递[85]。王国红等（2015）运用 SD 方法揭示了影响区域协同创新网络结构风险的关键因素，并进行了建模和仿真研究[86]。梅强和许红珍（2014）以再担保机构、担保机构和合作银行为研究对象，运用 SD 方法对中小企业信用再担保体系银保风险共担构造了再担保体系经济收益的系统流图并进行了仿真[87]。利用系统动力学原理对企业财务预测与财务风险也进行了大量的研究[88-91]。系统动力学理论在风险管理中的应用具有较强的适用性，其在知识产权质押融资风险分析中的应用具有以下优势。

①系统动力学适用于剖析非线性、多变量、复杂动态的系统影响因素。基于第三方动态风险监控平台的知识产权质押融资风险体系是一个具备多主体、多层次、多环节的复杂系统结构，影响质押融资风险的因素种类和数量众多，包括系统外部的和内部的，定性的和能够量化的，这些影响因素作用于不同的参与主体内部以及不同的参与主体之间，各因素之间

又会产生复杂的影响，继而引发风险。风险又会伴随知识产权质押融资过程的不断推进而发生变化，而采用多种风险控制措施对知识产权质押融资各个环节的风险产生不同的影响，出现大量的反馈回路，从而整个系统处于非线性的多变量、复杂动态的状态。鉴于系统动力学能够解决类似非线性关系且具有周期性的复杂问题，因此，系统动力学对剖析知识产权质押融资风险的形成机理具有很强的适用性。

②有利于刻画风险形成路径。构建系统动力学因果关系图，依据因果关系，运用因果反馈环路描述风险影响因素之间的内在关系，深入分析反馈回路，明确系统内部的微观交互作用，进而探明各种风险彼此之间复杂、动态的关系，剖析风险的来源、传递路径及形成机理。

4.1.3　系统动力学建模目标和系统边界

明确构建模型的目标是系统动力学建模分析的基础和方向。本章的主要内容是厘清知识产权质押融资风险的主要影响因素以及风险形成机理，因此，建模的目标为构建质押融资风险子系统内部因素关系图，风险子系统相互作用关系图及总体风险的反馈结构，并分析风险影响因素变化时对风险涌现的影响。

构建知识产权质押融资风险系统动力学模型的系统边界为可以识别的影响质押融资整体运行过程的风险因素。因为我国知识产权质押融资业务处于初期阶段，离不开政府的政策支持，因而，政府也作为系统内部的要素之一，与其他参与质押融资主体共同构成质押融资系统。但即使在系统边界之内，仍无法将所有不同影响程度的相关风险因子纳入最终的整体风险体系内，本书仅将与知识产权质押融资风险具有紧密联系的影响因素包含在系统中，具体包括融资企业、银行等金融机构、担保公司等中介机构、第三方动态风险监控平台和政府。

4.2　知识产权质押融资风险子系统及其形成路径分析

在对知识产权质押融资系统引发风险的影响因素由外到内分析的基础

上，根据影响因素引发风险后果的不同将风险归纳为 5 个风险子系统，分别为：政府与产业风险、信用风险、知识产权自身风险、操作风险和主体间关系风险。不同的研究方法会得到不同的系统总体结构，本章采用先分后总的建模思路。即先分析各风险子系统的风险形成路径，然后由子系统不同层次的风险影响因素整合成知识产权质押融资风险的整体系统，并运用系统动力学 VENSIM PLE 软件绘制各风险子系统的因果关系图及总体风险的因果关系图。该研究思路能够将复杂的问题简单化，有助于全面、准确地分析各子系统的主要特征。

4.2.1　政府与产业风险子系统及其形成路径

在推行知识产权质押融资进程中，政府承担着支持参与主体与调节市场机制的双重作用。政府与产业风险是指政府在知识产权质押融资过程中，由于政府支持力度与范围不同以及产业政策的不确定而对知识产权质押融资产生的风险。政府与产业风险的影响因素主要包括财政支持力度、法律政策环境、产业所处发展阶段和行业内企业的竞争强度。其因果关系如图 4-1 所示。

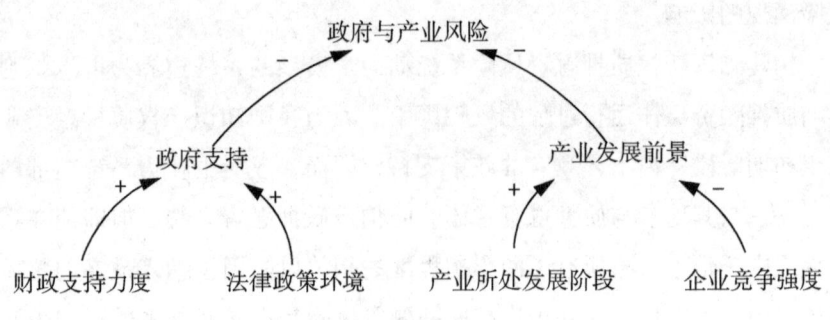

图 4-1　政府与产业风险的因果关系

4.2.2　信用风险子系统及其形成路径

信用风险是指在质押融资交易行为中借款人由于各种原因影响没有能力或不愿意履行融资合同中约定的义务而导致银行等金融机构造成经济损失的风险。对于知识产权质押融资风险来说，由于质押物知识产权的特殊性，信用风险除了上述影响因素外还必须考虑知识产权自身状况，国家政府政策与产业发展宏观因素影响，信用风险是质押融资风险构成中最重要的风险。信用风险主要从企业的经济实力、企业的诚信度以及知识产权自身状况三个方面进行分析。结合前面影响因素的阐述，刻画其因果关系如图 4-2 所示。

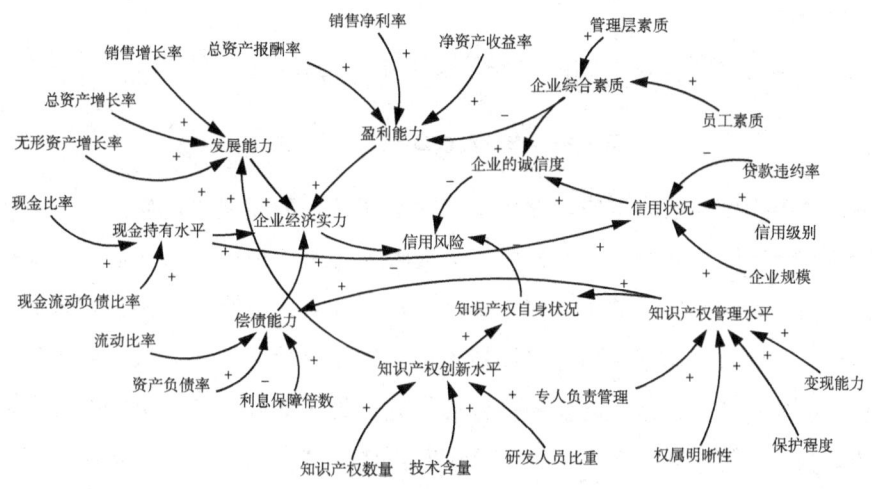

图 4-2 信用风险因果关系

4.2.3 知识产权自身风险子系统及其形成路径

知识产权是质押融资企业发展的核心竞争力，在知识产权质押过程中因其自身的特殊性，其价值评估一直是评估界的难点问题。知识产权自身的技术水平和其保护程度都对价值有重大的影响，知识产权的处置问题也是银行开展质押融资业务犹豫不决的重要因素。鉴于其在知识产权质押融资中的重要性，本章将知识产权自身风险单独列示出来，并从知识产权创新水平和知识产权管理水平两个方面分别进行阐述，刻画其因果关系如图4-3 所示。

4.2.4 操作风险子系统及其形成路径

知识产权质押融资中的操作风险是指在知识产权质押融资的交易过程

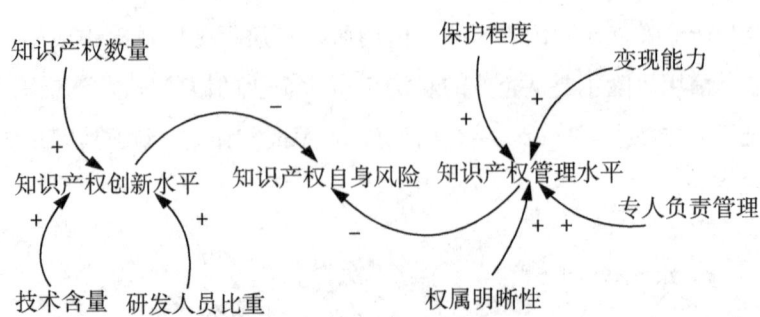

图4-3　知识产权自身风险因果关系

中，由于操作人员的素质、操作系统的不完善、操作流程违规、技术不达标或其他原因引起的知识产权质押融资各参与主体损失的可能性。知识产权质押融资业务参与的主体多，操作过程环节多，不同环节操作的人员各不相同，比如知识产权估值的评估人员、担保公司的担保人员、银行的信贷人员、第三方动态风险监控平台的信息收集人员和审核人员、融资企业的筹资人员等，并且各环节操作系统和操作流程复杂。操作风险主要归纳为人员、操作流程和资格审批三个方面，结合前面影响因素的阐述，刻画其因果关系如图4-4所示。

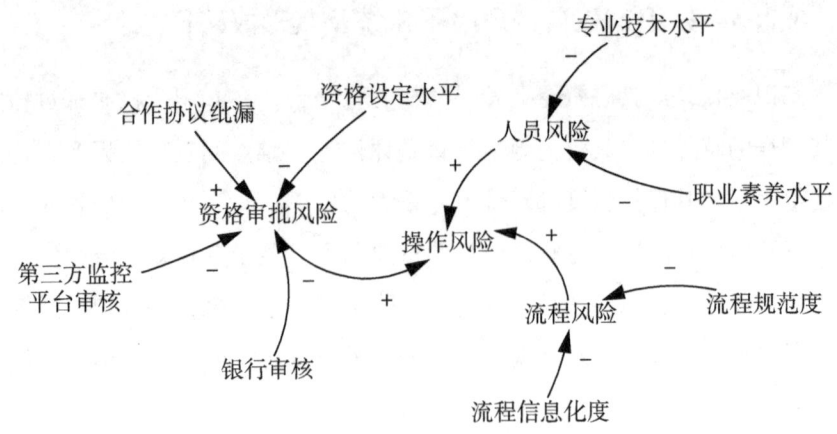

图4-4　操作风险因果关系

4.2.5　主体间关系风险子系统及其形成路径

主体间关系风险主要指的是由于参与知识产权质押融资的主体间存在联系或沟通问题而造成的债务到期无法按期偿还的风险。知识产权质押融资是一个多主体、多环节、多层次的交易系统，参与主体之间的竞争合作关系决定了各主体在考虑自身利益的同时，不得不考虑其他参与主体的利益。第三方动态风险监控平台在质押融资体系中负责将优质的融资企业和中介机构推荐给银行，因此风险监控平台的实力及其与银行之间的关系显得格外重要。主体间关系风险从主体之间的合作密切程度、银担平台关系和风险监控平台实力三个方面进行分析。结合前面影响因素的阐述，刻画其因果关系如图 4 - 5 所示。

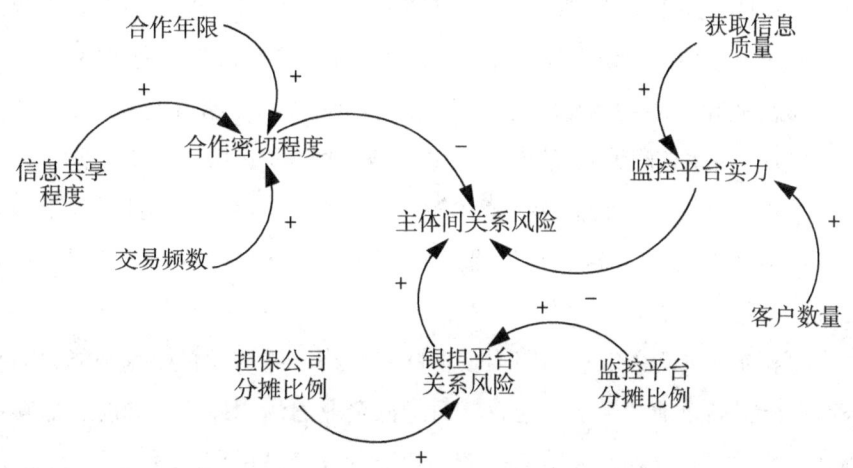

图 4 - 5　主体间关系风险因果关系

4.3　知识产权质押融资风险传导与涌现机理分析

4.3.1　质押融资风险的传导路径

知识产权质押融资是一个多方参与复杂动态的系统，各主体之间存在竞争合作的关系，各风险子系统之间又相互作用，形成知识产权质押融资系统的风险。因此，需要构建知识产权质押融资风险的因果关系图并分析风险形成原因及其传递路径。知识产权质押融资风险的因果关系如图4-6所示。

运用系统动力学软件中的 LOOP 模块对所要观察的变量选入工作台，可以看到知识产权质押融资风险系统中所有相关的反馈回路共计55条，揭示了不同级别影响因素的致险因子形成过程。这里主要选取了影响因素大于6的反馈回路共计16条，列示如下。

①偿债能力↑→企业经济实力↑→信用风险↓→知识产权质押融资风险↓→资格审批风险↓→监控平台实力↑→知识产权管理水平↑→偿债能力↑

该反馈回路是正反馈回路，揭示了企业偿债能力的提高能够降低信用风险，并且有助于第三方动态风险监控平台实力提升，监控平台高质量的要求迫使企业加强知识产权管理水平，降低知识产权质押融资风险。

②盈利能力↑→企业经济实力↑→信用风险↓→资格审批风险↓→监控平台实力↑→主体间关系风险↓→知识产权质押融资风险↓→盈利能力↑

③盈利能力↑→企业经济实力↑→信用风险↓→资格审批风险↓→监控平台实力↑→知识产权管理水平↑→知识产权自身风险↓→知识产权质押融资风险↓→盈利能力↑

盈利能力的2条反馈回路均是正反馈回路，揭示了企业盈利能力的提高有助于提高企业的经济实力，从而降低企业的信用风险，同时也能够更顺利地通过第三方动态风险监控平台和银行等金融机构的资格审核。风险监控平台优质的数据库更有利于与融资企业、中介机构和银行等金融机构建立协同合作关系，降低知识产权质押融资风险。同时，随着第三方动态风险监控平台质量的提高，迫使融资企业不得不加强企业的知识产权管理水平，降低知识产权自身风险，从而降低知识产权质押融资的风险，争取获得贷款投入生产经营，提高企业的盈利能力，实现良性循环。

④监控平台实力↑→知识产权管理水平↑→偿债能力↑→企业经济实力↑→信用风险↓→知识产权质押融资风险↓→资格审批风险↓→监控平台实力↑

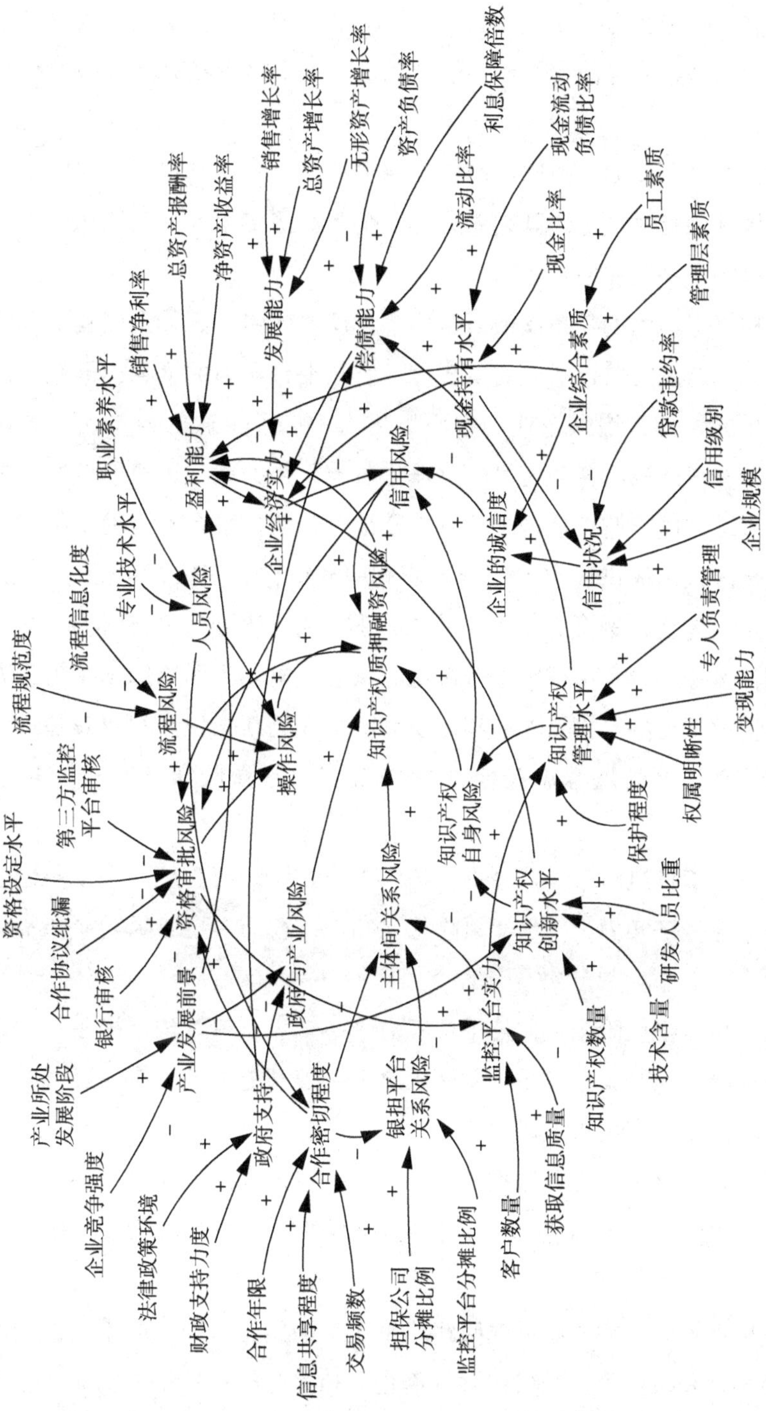

图4-6 知识产权质押融资风险因果关系

⑤监控平台实力↑→主体间关系风险↓→知识产权质押融资风险↓→盈利能力↑→企业经济实力↑→信用风险↓→资格审批风险↓→监控平台实力↑

⑥监控平台实力↑→知识产权管理水平↑→知识产权自身风险↓→知识产权质押融资风险↓→盈利能力↑→企业经济实力↑→信用风险↓→资格审批风险↓→监控平台实力↑

监控平台实力的3条反馈回路均是正反馈回路。第④条回路揭示了构建第三方动态风险监控平台的重要性，监控平台实力的增强引导企业加强知识产权的管理，增强企业的核心竞争力，提升企业的经济实力和诚信度，降低知识产权质押融资风险，强化监控平台的地位。第⑤条回路揭示了第三方动态风险监控平台的信息中枢地位，监控平台实力的增强能够为银行等金融机构提供优质的融资企业和中介机构，使银行排除后顾之忧，向融资企业放贷，融资企业获取资金，投入生产经营，提升企业的信用，进而降低监控平台和银行等金融机构的风险。第⑥条回路揭示了第三方动态风险监控平台的严格要求能够促使融资企业创新知识产权以及加强知识产权的管理，进而增强融资企业的经济实力，降低知识产权质押融资风险。

⑦资格审批风险↑→监控平台实力↓→知识产权管理水平↓→偿债能力↓→企业经济实力↓→信用风险↑→知识产权质押融资风险↑→资格审批风险↑

⑧资格审批风险↑→监控平台实力↓→知识产权管理水平↓→知识产权自身风险↑→知识产权质押融资风险↑→盈利能力↓→企业经济实力↓→信用风险↑→资格审批风险↑

⑨资格审批风险↑→监控平台实力↓→主体间关系风险↑→知识产权质押融资风险↑→盈利能力↓→企业经济实力↓→信用风险↑→资格审批风险↑

资格审批风险的3条反馈回路均是正反馈回路，揭示了第三方动态风险监控平台和银行等金融机构对融资企业和中介机构资格审核越严格，监控平台数据库的质量就越高，对知识产权管理水平的建设越有利。风险监控平台实力的增强引导企业加强知识产权管理，增强企业的核心竞争力，提升企业的经济实力和诚信度，降低知识产权质押融资风险。同时也揭示了风险监控平台优质的数据库能够更好地为各参与主体提供服务，知识产权质押融资的过程才会更加顺利，融资企业更容易取得贷款，从而实现相互协同螺旋式健康发展，降低信用风险，优化风险监控平台业务。

⑩知识产权自身风险↑→知识产权质押融资风险↑→盈利能力↓→企业经济实力↓→信用风险↑→资格审批风险↑→监控平台实力↓→知识产权管理水平↓→知识产权自身风险↑

⑪知识产权管理水平↑→偿债能力↑→企业经济实力↑→信用风险↓→知识产权质押融资风险↓→资格审批风险↓→监控平台实力↑→知识产权管理水平↑

⑫知识产权管理水平↑→知识产权自身风险↓→知识产权质押融资风险↓→盈利能力↑→企业经济实力↑→信用风险↓→资格审批风险↓→监控平台实力↑→知识产权管理水平↑

知识产权相关的3条反馈回路均是正反馈回路，揭示了知识产权在质押融资过程中的重要性，也说明了知识产权质押不同于其他有形资产的质押融资业务，知识产权通过不同途径影响企业的经济实力，在质押融资过程中应加强对知识产权自身的管理。第三方动态风险监控平台和银行等金融机构对融资企业和中介机构资格的审核，在决定是否将其加入优质数据库以及是否放贷时，均需要考虑知识产权的创新能力和管理水平。知识产权的创新能力和管理水平越高，知识产权质押融资的风险越低。

⑬信用风险↑→资格审批风险↑→监控平台实力↓→主体间关系风险↑→知识产权质押融资风险↑→盈利能力↓→企业经济实力↓→信用风险↑

⑭信用风险↑→资格审批风险↑→监控平台实力↓→知识产权管理水平↓→知识产权自身风险↑→知识产权质押融资风险↑→盈利能力↓→企业经济实力↓→信用风险↑

⑮信用风险↑→知识产权质押融资风险↑→资格审批风险↑→监控平台实力↓→知识产权管理水平↓→偿债能力↓→企业经济实力↓→信用风

险↑

信用风险的 3 条反馈回路均是正反馈回路，揭示了企业的信用风险直接影响到第三方动态风险监控平台和银行等金融机构对融资企业和中介机构资格的审核风险，审核越严格，融资企业对知识产权管理的要求越高，筛选的融资企业实力越强，在业务的后续进程中各主体间的交易关系越融洽。因此，经过严格审核过的融资企业和中介机构其经济实力的提高能够降低企业的信用风险。

⑯主体间关系风险↑→知识产权质押融资风险↑→盈利能力↓→企业经济实力↓→信用风险↑→资格审批风险↑→监控平台实力↓→主体间关系风险↑

该反馈回路是正反馈回路，揭示了各主体间关系受到融资企业的盈利能力和经济实力的影响。如果融资企业的盈利能力和经济实力越差，其信用风险就越高，同时会增加风险监控平台和金融机构的资格审批风险，并且主体间关系融洽度降低，各主体间的信息传递就越不畅通，这两种因素共同作用，进一步削弱了风险监控平台的信息传递作用，知识产权质押融资系统整体就越松散，导致风险升高。

4.3.2　知识产权质押融资风险的涌现

知识产权质押融资风险的因果关系图阐释了知识产权质押融资风险由政府与产业风险、信用风险、知识产权自身风险、操作风险和主体间关系风险 5 个风险子系统构成。风险子系统之间及各影响因素之间存在着错综复杂的关系，正是由于相互间的联系，形成了风险的传导路径，导致某个风险影响因素的变化可能打破当前的系统平衡状况而引发风险涌现。下面结合知识产权质押融资风险子系统因果关系图以及知识产权质押融资风险因果关系图，从系统论视角分析风险的形成机理。

首先，外部影响因素对风险起到辅助、推进的作用。从外部影响风险的因素看，无论是政府支持政策还是产业发展前景，均没有在较长的因果关系回路中出现，说明宏观政策虽然能够通过财政支持、法律政策支持以及产业发展战略等途径影响知识产权质押融资风险，但宏观影响因素毕竟是外部影响因素，只能在短期内起到一个辅助、推进的作用，而不能起到关键性的作用。系统内部管理是引发财务风险的根源，外部影响因素通过内部管理因素带来间接影响[120]。结合我国知识产权质押融资的现状来看，为了配合我国知识产权强国战略以及发展战略型产业，政府鼓励科技型中小企业积极运营知识产权资源，利用质押融资的方式解决当前资金短期困境，并采取了一些积极的措施，比如向融资企业贴息、向银行提供基金支持、向担保机构提供资金补偿、制定优惠政策等，但收效并不明显，没有达到先前的预期。究其原因，质押融资业务系统内部的风险问题是根本。与本书第三章的论述相一致，知识产权质押融资业务在发展初期必须依赖于政府等宏观政策的支持，开展并推进知识产权质押融资业务的发展。但发展到一定阶段后，质押融资业务必须建立有效的运行机制，通过市场手段来解决系统内部存在的问题，以实现长期可持续的发展。因此，分析质押融资系统内的影响风险因素是彻底解决知识产权质押融资风险、实现知识产权质押业务发展的关键。

其次，内部影响因素是引发风险、传导风险的关键要素。从内部影响风险的因素看，影响因素大于6的反馈回路均由系统内部影响因素构成，且根据正、负反馈回路判断的标准，该16条反馈回路均为正反馈回路，也就是说主要的风险及其影响因素均具有效果强化的作用。其中，与融资企业直接相关的包括1条偿债能力回路、2条盈利能力回路、3条信用能力回路和3条知识产权相关的回路；与第三方动态风险监控平台直接相关的包括3条监控平台实力回路；与第三方动态风险监控平台和银行等金融机构直接相关的包括3条资格审批风险回路；与各参与方均相关的有1条主体间关系风险回路。综观所有主要回路，我们可以推断出融资企业的信用风险、第三方风险动态监控平台、知识产权自身风险、机构资格审批风险以及主体间关系风险是产生风险的重要因素，深入剖析风险的形成机理有利于知识产权质押融资风险的评价、预警和监控。

最后，风险影响因素之间的博弈是系统风险涌现的结果。根据主要反馈回路的分析，可以将影响知识产权质押融资风险的因素归为两大类：增加系统风险的因素和减少系统风险的因素。一个正常运营的知识产权质押融资系统的风险状态表现为两类因素相互作用的结果，当两类影响因素相互作用的效果正好抵消时，质押融资系统处于正常平衡状态。任何影响子系统风险增加的因素被激活或者被强化，则该因素对风险的作用将通过增加子系统的风险传递到知识产权质押融资系统，导致整个系统风险的增加。如果该风险不能被及时处理，则会破坏知识产权质押融资业务的正常进行；在风险产生的初期，通过激活或强化减少系统风险的因素，则会降低风险。

综上所述，从系统性视角科学地揭示知识产权质押融资风险的形成机理，识别风险的影响因素，熟知风险的传导路径，在此基础上，探索衡量知识产权质押融资风险的评价指标，对于合理评价风险、有效监控风险、制定风险防控措施是非常有益的。

4.4　本章小结

在提炼出知识产权质押融资风险的关键影响因素的基础上，从系统的视角根据影响因素对风险形成的后果，将融资风险归纳为 5 个风险子系统：政府与产业风险、信用风险、知识产权自身风险、操作风险和主体间关系风险。以系统动力学理论为切入点对各风险子系统风险影响因素及其运行的因果关系进行分析，刻画各风险子系统的因果关系图，依据风险子系统间的相互作用，构建知识产权质押融资风险的因果关系图，刻画风险传导路径。运用系统论，从外部影响风险的因素、内部影响风险的因素和风险影响因素之间的博弈三个维度揭示了知识产权质押融资风险的形成机理。研究表明，与外部影响因素相比，融资企业的信用风险、第三方风险动态监控平台、知识产权自身风险、监控平台和银行等金融机构的资格审批风险以及主体间关系风险等内部因素是产生风险的重要因素；同时任何影响子系统风险增加的因素被激活或者被强化，则该因素对风险的作用将通过增加子系统的风险传导到知识产权质押融资风险系统，导致整个系统风险的增加。

第三篇

风险评价与预警篇

第五章　知识产权质押融资前风险的静态评价

　　知识产权质押融资体系是一个多主体、多层次、复杂的动态系统，某一风险影响因素发生变化而引起的风险将沿着传导路径传递到知识产权质押融资系统的核心。在掌握知识产权质押融资风险主要影响因素以及风险形成机理的基础上，本书将从系统性视角构建风险静态评价指标体系，评价融资风险的程度，依据风险的评价结果在众多的融资需求企业中选择放贷对象。风险评价指标和评价方法的选择对评价结果有直接的影响，风险的变动导致评价指标判断风险影响程度处于复杂的、不断变化的状态。在不确定、不精确的动态评价情景中，传统的精确方法不能满足各种数据信息的量化，以及评判专家的评判态度和结果，据此进行的决策偏离了实际情况[92]。针对风险评价过程中存在的信息不明确的特点，专家的评判意见可能存在不明确的表示，因此，需要选择能够表示专家明确评判意见以及不愿意发表任何意见的方法。在这方面，Fuzzy 集和 Vague 集的引入能够很好地表达模糊决策需要的元素，有利于提高决策精度。Vague 集与 Fuzzy 集相比，Vague 集增加一个用来表示没有明确态度的模糊属性参数——犹豫度，能够更加准确地描述客观世界的模糊性本质[93]。这里引入 Vague 集来表示所有评价指标的量化结果。VIKOR 方法和 TOPSIS 方法是用于复杂系统的风险评价决策的模糊评价方法，二者相比较，VIKOR 方法是一种基于理想解的排序方法，而 TOPSIS 方法考虑了各方案到正、负理想解距离的相对重要性。综合考虑后，本章将模糊评价方法进行取优组合，采用基于 Vague 集的 TOPSIS 方法对知识产权质押融资风险进行静态评价。

5.1 Vague 集和 TOPSIS 方法在风险评价中的应用现状

Vague 集方法充分发挥了模糊关系合成的特性，在处理不确定和不精确信息时同时考虑隶属与非隶属两方面的信息，并通过公式换算后对专家评价的主观随意性进行纠正，既弥补现有评价方法单一化、主观化的不足，又能够比较客观地对现实中评价对象的本质进行描述，使评价结果更加细腻、准确，提高了评估的准确性。TOPSIS 方法可以反映评价样本与理想样本之间的整体相似程度，近年来被广泛应用于风险评价以及评价对象的优选排序。张琪（2013）认为 Vague 集能够通过确定方案的综合属性测度进行评价，并根据准则对方案进行归类和择优，因而在电子商务信息安全风险评价中有广泛的应用[94]。舒欢和马玉国（2013）运用 Vague 集的可能度对工程项目采购过程中存在的不确定性和模糊性提出了多个风险水平的排序，并确定不同风险水平下的关键影响因素[95]。刘庆和王昌（2015）提出基于 Vague 集 TOPSIS 方法快速准确地解决多属性决策问题，并通过仿真实例分析验证了该方法的合理性、有效性和高分辨性[96]。李伟伟等（2013）通过运用 TOPSIS 方法对在确定区域农村水厂的风险进行评价，并根据供水安全状况提出优先管理的农村水厂[97]。郑明贵和陈家愿（2015）建立 TOPSIS 评价模型，对我国企业主要矿业投资目标国的金融风险进行了评价，并根据金融风险的高低进行排序[98]。尹夏楠和鲍新中（2017）采用商权方法对高新技术企业的偿债能力、营运能力、盈利能力、现金流量状态以及未来发展评价维度的财务指标进行了客观赋权，并结合 TOPSIS 多属性决策方法对企业的财务风险进行了评价[99]。综上，定性评价指标在评价体系中的作用越来越重要，模糊评价方法的运用也越来越广泛，Vague 集结合 TOPSIS 方法以其特有的优势在指标赋权和方案择优排序方面为决策提供了更好的选择。

5.2 基于 Vague 集 TOPSIS 方法的基本理论

1993 年，Gan 和 Buehrer 提出了用 Vague 集理论来处理不精确数据的描述[100]，该理论与 Zadeh（1965）发表开创性论文《Fuzzy Sets》中的模糊集理论有所区别，具有更加详细地描述模糊信息的功能[101]。Vague 集理论是建立在模糊集理解基础上的模糊综合评判方法，适合于多主体、多类指标的综合评价。针对很难用准确数值予以量化的多属性指标的评价情况，Vague 集理论提出了真假两个隶属函数用于表达判断的模糊性。这里主要参考了 Chen 等文献[102-105]，对 Vague 集基本理论总结如下。

5.2.1　Vague 集理论

（1）Vague 集的概念及其几何含义

设 U 是一个非空集合，它的任意一个元素用 x 表示。U 上的一个 Vague 集 A 是指 U 上的一对隶属函数：t_A 和 f_A，即

$$t_A : U \to [0,1], \quad f_A : U \to [0,1]$$

其中，$0 \leqslant t_A(x) + f_A(x) \leqslant 1$，$t_A(x)$ 为 Vague 集 A 的真隶属函数，含义为表示支持 $x \in A$ 的证据的隶属度下界；$f_A(x)$ 为 Vague 集 A 的假隶属函数，含义为表示反对 $x \in A$ 的证据的隶属度下界。元素 x 在 Vague 集 A 中的值用闭区间 $[t_A(x), 1 - f_A(x)]$ 来表示，反映支持和反对 $x \in A$ 的隶属程度。

当 U 离散时，Vague 集 A 表示为

$$A = \sum_{i=1}^{n} \frac{[t_A(x_i), 1 - f_A(x_i)]}{x_i} \qquad x_i \in U \qquad 公式 5-1$$

当 U 连续时，Vague 集 A 表示为

$$A = \int_U [t_A(x), 1 - f_A(x)]/x dx \qquad x_i \in U \qquad 公式 5-2$$

$1 - t_A(x) - f_A(x) = \pi_A(x)$ 表示 x 相对于 A 的不确定度，是度量 x 对 A 的未知信息程度；$\pi_A(x)$ 的值越大，说明 x 相对于 A 的未知信息就越多；反之，$\pi_A(x)$ 的值越小，则说明 x 相对于 A 的未知信息就越少，即越精确地知道 x。极而言之，$\pi_A(x)$ 的值为 0 或 1，则说明 x 相对于 A 的信息非常精确，Vague 集也失去了未知度的优势。

举例说明，A 在元素 x 的 Vague 值为 $[0.6, 0.8]$，则说明元素 x 隶属

于 A 的程度是 0.6，不属于 A 的程度是 0.2（1 - 0.8），对 A 的未知程度是 0.2（0.8 - 0.6）。在专家对某一指标的投票情景中可以解释为：如果有 10 位专家对某一指标进行投票，则有 6 人赞成票，2 人反对票，2 人弃权。可见，Vague 集的方法不仅反映赞成票和反对票比较明确态度的数量，而且能够反映出弃权票即未知态度的数量。

（2）Vague 集（值）之间的相似度量

设 $x = [t_A(x), 1 - f_A(x)]$ 与 $y = [t_A(y), 1 - f_A(y)]$ 是给定的两个 Vague 值，$0 \leqslant t_A(x) + f_A(x) \leqslant 1$，$0 \leqslant t_A(y) + f_A(y) \leqslant 1$，Chen 和 Tan（1994）提出了用优势函数 $S(x)$ 测度备选方案对决策者要求的适合程度。

$$S_A(x) = t_A(x) - f_A(x), S_A(y) = t_A(y) - f_A(y) \qquad 公式 5 - 3$$

其中，$S(x) \in [-1, 1]$，$S(y) \in [-1, 1]$。

在此基础上，Chen（1995）讨论了两个 Vague 值之间的相似度量，并于 1997 年进一步研究了两个 Vague 值之间的加权相似度量。Chen 定义的 Vague 值 x 和 y 的相似度量用公式 5 - 4 度量。

$$M_c(x,y) = 1 - \frac{|S_A(x) - S_A(y)|}{2} = 1 - \frac{|t_A(x) - t_A(y) - [f_A(x) - f_A(y)]|}{2}$$

$$公式 5 - 4$$

其中，$M_c(x, y) \in [0, 1]$。$M_c(x, y)$ 的值越大，表示 Vague 值 x 和 y 越相似。Hong 和 Kim（1999）指出上述相似度量的方法在某些情况下不适用，并提出了新的度量方法。见公式 5 - 5。

$$M_H(x,y) = 1 - \frac{|t_A(x) - t_A(y)| + |f_A(x) - f_A(y)|}{2} \qquad 公式 5 - 5$$

其中，$M_H(x, y) \in [0, 1]$。$M_H(x, y)$ 的值越大，表示 Vague 值 x 和 y 越相似。

周晓光（2005）认为在度量 Vague 值的相似程度时有以下三个影响因素需要考虑：相对优势、相对已知信息的多少和相对未知信息的多少[106]。并基于此思想提出了改进的 Vague 值之间的相似度量方法。见公式 5 - 6。

$$M_z(x,y) = 1 - \frac{\left| t_A(x) - t_A(y) - [f_A(x) - f_A(y)] \right|}{8} - \frac{\left| t_A(x) - t_A(y) + f_A(x) - f_A(y) \right|}{4}$$

$$- \frac{\left| t_A(x) - t_A(y) \right| + \left| f_A(x) - f_A(y) \right|}{8} \qquad \text{公式 5 - 6}$$

$M_z\ (x,\ y)$ 的值越大，表示 Vague 值 x 和 y 越相似。

考虑以上三个因素影响 Vague 值相似度量程度的基础上，周晓光再次提出了改进的加权 Vague 值相似度量方法。见公式 5 - 7。

$$M_W^Z(x,y) = 1 - \frac{\left| a * \delta_A^t - b * \delta_A^f \right| + a * \left| \delta_A^t \right| + b * \left| \delta_A^f \right| + c * \left| \delta_A^t + \delta_A^f \right|}{2(a + b + c)}$$

$$\text{公式 5 - 7}$$

其中，$\delta_A^t = t_A\ (x)\ - t_A\ (y)$，$\delta_A^f = f_A\ (x)\ - f_A\ (y)$；$a$，$b$，$c \geqslant 0$，且 $a + b + c > 0$。$M_W^Z\ (x,\ y)\ \in\ [0,\ 1]$。$M_W^Z\ (x,\ y)$ 的值越大，表示 Vague 值 x 和 y 越相似。

5.2.2　TOPSIS 方法的原理

TOPSIS（Technique for Order Preference by Similarity to Ideal Solution）方法是由 C. L. H wang 和 K. Yoon 首次于 1981 年提出的一种多目标综合决策方法。其原理可以概括为：首先，将多个方案的原始数据进行标准化，形成规范化矩阵；其次，结合不同指标的权重构建加权规范化矩阵，选择每个方案不同指标的最大值和最小值，构造多目标决策问题的正理想解和负理想解；最后，计算每一个方案到正、负理想解之间的欧式距离及相对接近程度，进行优劣排序。TOPSIS 模型的具体步骤如下。

假设有 m 个备选方案，记为 B_1，B_2，$\cdots$，B_m；每个备选方案的评价指标有 n 个，记为 X_1，X_2，$\cdots$，X_n；则所有备选方案的指标值构成矩阵 $B = (b_{ij})_{m \times n}$，$b_{ij}$ 表示第 i 个备选方案的第 j 个指标。

步骤 1，依据各备选方案的各项指标构建决策矩阵 $B = (b_{ij})_{m \times n}$，根据下列公式将决策矩阵标准化为规范化矩阵 $F = (f_{ij})_{m \times n}$。

$$f_{ij} = \frac{b_{ij}}{\sum_{i=1}^{m} b_{ij}} \qquad (i = 1, 2, \cdots, m; j = 1, 2, \cdots, n) \qquad 公式 5 - 8$$

步骤 2，根据各评价指标的权重构造加权规范化矩阵 $R = (r_{ij})_{m \times n}$。

$$r_{ij} = w_j f_{ij} \qquad 公式 5 - 9$$

步骤 3，确定正、负理想解集合 R^+ 和 R^-。根据公式确定各指标的最大值和最小值。正理想解集合 R^+ 由效益型指标的最大值和成本型指标的最小值共同构成；负理想解的集合 R^- 由效益型指标的最小值和成本型指标的最大值共同构成。

正理想解集合：$R^+ = (r_1^+, r_2^+, \cdots, r_n^+)$

其中，$r_j^+ = \begin{cases} \max\limits_{i} r_{ij}, & j\ 为效益型指标 \\ \min\limits_{i} r_{ij}, & j\ 为成本型指标 \end{cases}$

负理想解集合：$R^- = (r_1^-, r_2^-, \cdots, r_n^-)$

其中，$r_j^- = \begin{cases} \max\limits_{i} r_{ij}, & j\ 为成本型指标 \\ \min\limits_{i} r_{ij}, & j\ 为效益型指标 \end{cases}$

步骤 4，利用 n 维 Euclidean 范数计算不同备选方案分别到正理想解和负理想解的欧式距离 d^+ 和 d^-，具体计算公式如下。

$$d_i^+ = \sqrt{\sum_{j=1}^{n} (r_{ij} - r_i^+)^2} \qquad d_i^- = \sqrt{\sum_{j=1}^{n} (r_{ij} - r_i^-)^2} \qquad (i = 1, 2, \cdots, m)$$

公式 5 - 10

步骤 5，确定不同备选方案与正理想解的贴近度 C_i。贴近度反映不同方案与正理想解和负理想解在态势变化上的接近程度。

$$C_i = \frac{d_i^-}{d_i^+ + d_i^-} \qquad 公式 5 - 11$$

步骤 6，依据 C_i（$i \in m$）值的高低对不同备选方案进行排序，C_i 值越大，方案越贴近正理想解，远离负理想解，说明备选方案 B_i 越优；反之，

C_i值越小，方案越贴近负理想解，远离正理想解，说明备选方案B_i越差。

5.2.3　基于 Vague 集的 TOPSIS 方法的理论

基于 Vague 集理论的 TOPSIS 方法是指各个备选方案属性指标的取值用 Vague 集的形式来表示，并采用 TOPSIS 方法的计算过程来最终确定最优方案。即计算每一个方案中以 Vague 表示的属性指标与正、负理想解之间的欧式距离，根据相对接近程度并进行优劣排序，选出满足要求的最佳方案。步骤如下。

步骤1，设 A 为备选方案集，$A = \{A_1, A_2, \cdots, A_m\}$，$m$ 为备选方案的数量；C 为每个备选方案的评价指标集，$C = \{C_1, C_2, \cdots, C_n\}$，$n$ 为评价指标的数量。每个备选方案A_i可以由一个 Vague 集表示为：

$$A_i = \left\{ (C_1, [t_{i1}, 1 - f_{i1}]), (C_2, [t_{i2}, 1 - f_{i2}]), \cdots, (C_n, [t_{in}, 1 - f_{in}]) \right\}$$

公式 5 - 12

其中，t_{ij}表示备选方案A_i满足属性C_i的程度的下界，f_{ij}表示备选方案A_i不满足准则C_i的程度的下界。

步骤2，Vague 集表示的定量指标的规范化。

在处理实际问题时，属性指标一般包括定量指标和定性指标，采用该方法进行评价，需要将所有指标采用 Vague 集的规范化形式来表示，以方便后续的数据处理。对于定量指标用 Vague 集表示的转化方法，有文献采用定量指标的标准化公式进行转化，优点是计算简便，缺点是没有考虑研究样本所处行业或者领域中该定量指标的取值范围。因此，这里采用崔春生（2013）的 Vague 集表示定量指标的转化方法[107]，该方法既考虑了指标的属性，又考虑了该指标的最优值和最劣值。对于效益型指标，指标属性值越大越好；对于成本型指标，指标属性值越小越好，据此进行 Vague 集表示的规范化。具体转化过程如下所示。

设x_{ij}为方案A_i的第 j 个指标值，$X_j^{\max} = \max\limits_{1 \leq i \leq m}\{x_{ij}\}$，$X_j^{\min} = \min\limits_{1 \leq i \leq m}\{x_{ij}\}$，且 X_j^P，X_j^R为指标 j 的最优值和最劣值。对于效益型指标满足：$X_j^P \geq \max\limits_{1 \leq i \leq m}\{x_{ij}\}$，

$X_j^R \leqslant \min\limits_{1 \leqslant i \leqslant m}\{x_{ij}\}$；对于成本型指标满足：$X_j^R \geqslant \max\limits_{1 \leqslant i \leqslant m}\{x_{ij}\}$，$X_j^P \leqslant \min\limits_{1 \leqslant i \leqslant m}\{x_{ij}\}$；对于居中最优的指标，满足 $X_j^P = \mathrm{opt}\{x_{ij}\}$，$X_j^R = \min\limits_{1 \leqslant i \leqslant m}\{x_{ij}\}$ or $\max\limits_{1 \leqslant i \leqslant m}\{x_{ij}\}$。

定量指标在规范化时效益型指标采用公式 5 – 13，成本型指标采用公式 5 – 14，居中最优型的指标采用公式 5 – 15。

$$v_{ij} = \left[\frac{(x_{ij} - X_j^{\min})^2}{(X_j^P - X_j^R)^2}, 1 - \frac{(x_{ij} - X_j^{\max})^2}{(X_j^P - X_j^R)^2}\right] \qquad 公式\ 5 - 13$$

$$v_{ij} = \left[\frac{(x_{ij} - X_j^{\max})^2}{(X_j^P - X_j^R)^2}, 1 - \frac{(x_{ij} - X_j^{\min})^2}{(X_j^P - X_j^R)^2}\right] \qquad 公式\ 5 - 14$$

$$v_{ij} = \left[\frac{(x_{ij} - X_j^R)^2}{(X_j^P - X_j^R)^2}, 1 - \frac{(x_{ij} - X_j^P)^2}{(X_j^P - X_j^R)^2}\right] \qquad 公式\ 5 - 15$$

步骤 3，定性指标 Vague 集表示的规范化。

对于定性指标，首先确定 Vague 集的评语集，之后根据专家的判断结果，按照设置的定义规则直接定义指标的 Vague 值。

属性指标 Vague 集规范化后，构成 Vague 集决策矩阵，用 M 表示。

$$M = \begin{bmatrix} [t_{11}, t_{11}^*] & [t_{12}, t_{12}^*] & \cdots & [t_{1n}, t_{1n}^*] \\ [t_{21}, t_{21}^*] & [t_{22}, t_{22}^*] & \cdots & [t_{2n}, t_{2n}^*] \\ \vdots & \vdots & \cdots & \vdots \\ [t_{m1}, t_{m1}^*] & [t_{m2}, t_{m2}^*] & \cdots & [t_{mn}, t_{mn}^*] \end{bmatrix}$$

其中，$t_{ij}^* = 1 - f_{ij}$。

步骤 4，确定每个指标的权重，记为 $w = \{w_1, w_2, \cdots, w_n\}$。

步骤 5，假设 x_{ij} 表示方案 A_i 对指标 C_i 的适合程度，则：

$$x_{ij} = t_{ij} - f_{ij} = t_{ij} + t_{ij}^* - 1 \qquad 公式\ 5 - 16$$

由此可以得到各个备选方案对指标的适合度矩阵：

$$SM = \begin{bmatrix} x_{11} & x_{12} & \cdots & x_{1n} \\ x_{21} & x_{22} & \cdots & x_{2n} \\ \vdots & \vdots & \cdots & \vdots \\ x_{m1} & x_{m2} & \cdots & x_{mn} \end{bmatrix}$$

步骤 6，确定 Vague 值的 VPIS 和 VNIS。

设：

$$r_{ij}^+ = \max_{0 \leqslant i \leqslant m} x_{ij}, \quad r_{ij}^- = \min_{0 \leqslant i \leqslant m} x_{ij} \qquad \text{公式 5 - 17}$$

其中，$0 \leqslant i \leqslant m$；$0 \leqslant j \leqslant n$。

效益型指标的正、负理想解为：

$$A^+ = (r_1^+, r_2^+, \cdots, r_n^+)$$

$$A^- = (r_1^-, r_2^-, \cdots, r_n^-)$$

成本型指标的正、负理想解为：

$$A^+ = (r_1^-, r_2^-, \cdots, r_n^-)$$

$$A^- = (r_1^+, r_2^+, \cdots, r_n^+)$$

A^+ 和 A^- 由对应决策矩阵中 Vague 值的 VPIS 和 VNIS 构成。若两个 Vague 值的优势相同，则效益型指标取 t_{ij} 大的 Vague 值确认为 VPIS，取 t_{ij} 小的值为 VNIS；若为成本型指标，则取 t_{ij} 小的 Vague 值为 VPIS，取 t_{ij} 大的值为 VNIS。

步骤 7，根据 Vague 值的相似度量式（公式 5 - 18 和公式 5 - 19）计算不同备选方案到正理想解 A^+ 和负理想解 A^- 的距离。

$$d_i^+ = \sum_{j=1}^n w_j M_z \left[(t_{ij}, t_{ij}^*), VPIS \right], i = 1, 2, \cdots, m \quad \text{公式 5 - 18}$$

$$d_i^- = \sum_{j=1}^n w_j M_w \left[(t_{ij}, t_{ij}^*), VNIS \right], i = 1, 2, \cdots, m \quad \text{公式 5 - 19}$$

其中，w_j 为各个指标的权重，$M_z[x, y]$ 由公式 5 - 6 计算得到。

步骤 8，计算备选方案与正理想解的贴近度为：

$$\sigma(A_i) = \frac{d_i^-}{d_i^+ + d_i^-} \qquad \text{公式 5 - 20}$$

这里 $0 \leqslant \sigma(A_i) \leqslant 1$，该值越大，则方案越优。将所有备选方案按照 $\sigma(A_i)$ 值的大小进行排序，就可以选择最优的方案。

基于 Vague 集的 TOPSIS 方法的具体计算步骤归纳如下：

①构造 Vague 决策矩阵 M；

②利用优势函数计算不同备选方案的满意度，构建适合度矩阵 SM；

③确定正理想解 VPIS 和负理想解 VNIS；

④确定各属性指标的权重；

⑤计算各备选方案与 A^+ 和 A^- 的欧式距离 d_i^+ 和 d_i^-；

⑥计算各备选方案的相对贴近度 $\sigma(A_i)$ 并进行排序，选择最优方案。

5.3　构建知识产权质押融资风险静态评价指标体系

知识产权质押融资风险的评价问题既要考虑财务数据，还要考虑难以准确量化的不确定性因素，从而增加了构建评价指标体系的难度。国内学者对知识产权质押融资风险评价指标体系进行了较多的研究，分别从不同的角度构建了风险评价指标体系并进行了风险评价。实践中，知识产权质押融资业务已经形成了多方主体相互供需选择的不可分割的运行系统，所以这里基于系统性分析风险影响因素的基础上，建立一个具有系统属性的、能够有效指导供需方选择的知识产权质押融资风险静态评价指标体系。

5.3.1　融资风险评价指标体系建立的原则

①系统性原则。知识产权质押融资体系是一个系统工程，为保证评价结果的准确性、客观性，避免片面性，通过对系统的分析，从整体最优化的观点来构建融资风险评价指标体系，体现多主体参与的合作竞争关系和持续发展趋势。

②科学性原则。该评价体系要合理控制指标体系的规模，包含的指标既能够全面反映影响知识产权质押融资风险的因素，不能遗漏重要信息；又能够通过评价指标间的相关性剔除联系紧密的重复性指标，防止指标体系过大、层次过细、指标过多的现象，做到在能够保证充分说明问题的前提下尽量简化指标。

③定量与定性相结合原则。定量指标易于取得准确数据，增加评价结果的客观性，给人直观、清晰的印象；但定性指标能够弥补定量指标难以涵盖和反映的风险影响因素，在评价指标体系中也是不可缺少的构成部

分，可以通过特定的方法进行模糊判定。定量指标和定性指标相结合更能体现评价结果的综合性。

④可比性与可操作性相结合原则。选取的评价指标应该能够反映被评价对象的共同属性，保证评价结果能够实现企业之间的横向比较；此外，选取的指标数据无论是定量指标还是定性指标，其数据能够取得。否则指标再好，因其缺少可操作性，也没有实用价值。

5.3.2　构建风险静态评价指标体系

在文献研究[108-111]以及与科技型企业知识产权管理人员、知识产权研究人员进行座谈的基础上，结合前面对知识产权质押融资风险影响因素的分析，遵循评价指标体系建立的原则，构建知识产权质押融资风险静态评价指标体系。指标选取过程中，考虑到反映企业信用状况的评价指标中信用级别与贷款违约率相关性极强，因此剔除贷款违约率指标，保留了信用级别指标；知识产权管理水平中保护程度指标主要受到国家有关法律法规以及企业知识产权专门管理人员的影响，这两个因素均在政府支持力度和知识产权管理水平中有所考虑，因此，剔除保护程度指标；资格审批风险中如果操作人员专业技术和职业素养较高，机构又设有规范高效的流程制度，加之第三方风险监控平台和银行等金融机构的严格审核过程，则被审机构的资格设定和合作协议出现纰漏的情况就显得不重要了，因此，剔除资格设定水平和合作协议纰漏两项指标。最终经过整理后的知识产权质押融资风险评价指标体系包括5大类16个维度38个具体指标。知识产权质押融资风险静态评价指标体如表5-1所示。

表5-1　知识产权质押融资风险静态评价指标体系

	一级指标	二级指标	三级指标	指标权重
知识产权质押融资风险	政府与产业风险 0.088	政府支持力度 0.049	财政支持力度 X_1	0.026
			法律政策环境 X_2	0.023
		产业发展前景 0.039	产业所处发展阶段 X_3	0.018
			企业的竞争强度 X_4	0.021

续表

一级指标	二级指标	三级指标	指标权重
知识产权质押融资风险			
信用风险 0.443	偿债能力 0.096	流动比率 X_5	0.027
		资产负债率 X_6	0.045
		利息保障倍数 X_7	0.024
	盈利能力 0.117	净资产收益率 X_8	0.058
		销售净利率 X_9	0.031
		总资产报酬率 X_{10}	0.028
	发展能力 0.080	销售增长率 X_{11}	0.032
		总资产增长率 X_{12}	0.029
		可持续增长率 X_{13}	0.019
	现金持有水平 0.067	现金比率 X_{14}	0.036
		营业收入现金比率 X_{15}	0.031
	企业综合素质 0.032	管理层素质 X_{16}	0.018
		员工素质 X_{17}	0.014
	信用状况 0.051	信用级别 X_{18}	0.036
		企业规模 X_{19}	0.015
知识产权自身风险 0.129	创新水平 0.071	知识产权数量 X_{20}	0.012
		研发支出占收入比重 X_{21}	0.022
		研发人员比重 X_{22}	0.037
	管理水平 0.058	专门人员管理 X_{23}	0.013
		权属明晰性 X_{24}	0.021
		变现能力 X_{25}	0.024
操作风险 0.135	人员风险 0.034	专业技术水平 X_{26}	0.018
		职业素养水平 X_{27}	0.016
	流程风险 0.027	流程规范度 X_{28}	0.014
		流程信息化度 X_{29}	0.013
	资格审批风险 0.074	第三方监控平台审核 X_{30}	0.036
		银行审核 X_{31}	0.038

续表

一级指标	二级指标	三级指标	指标权重
知识产权质押融资风险	主体间关系风险 0.205	合作密切程度 0.068	合作年限 X_{32}	0.019
		交易频率 X_{33}	0.014
		信息共享程度 X_{34}	0.035
		银担平台风险 0.048	担保公司分摊比例 X_{35}	0.018
		监控平台分摊比例 X_{36}	0.030
		监控平台实力 0.089	客户数量 X_{37}	0.037
		获取信息质量 X_{38}	0.052

表5-1中知识产权质押融资风险评价指标的具体含义解释如下。政府支持力度包括两个指标：①财政支持力度指政府部门的所有资金支持和财税优惠力度，包括利息补贴、风险补偿金、税收减免等对知识产权质押融资风险的影响程度；②法律政策环境指与知识产权质押融资相关的法规政策的完善度对融资风险的影响程度。产业发展前景包括两个指标：①产业所处发展阶段指融资企业所处产业的整体盈利水平、交易环境和技术条件等方面对融资风险的影响程度；②企业的竞争强度指融资企业之间的竞争情况对融资风险的影响程度。偿债能力包括三个指标：①流动比率是指企业的流动资产与流动负债的比值；②资产负债率指企业的负债总额与资产总额的比值；③利息保障倍数是指企业经营所实现的息税前利润与利息费用的比值。盈利能力包括三个指标：①净资产收益率指企业经营所获得的利润总额与净资产之比；②销售净利率指企业经营所获得的净利润与营业收入之比；③总资产报酬率指企业经营所获得的利润总额与资产总额之比。发展能力包括三个指标：①销售增长率指当期营业收入增加额与期初营业收入额之比；②总资产增长率指当期资产总额增加额与期初资产总额之比；③可持续增长率指当期增加留存收益与期初股东权益之比。现金持有水平包括两个指标：①现金比率指货币资金和交易性金融资产的和与流动负债之比；②营业收入现金比率指经营活动产生的现金流量与主营业务收入之比。企业综合素质包括两个指标：①管理层素质指企业管理层人员对公司治理结构、内部监管的水平；②员工素质指企业员工教育水平、从业技能等综合素质。信用状况包括两个指标：①信用级别指企业的偿债能力、品质以及资本等方面的级别；②企业规模指企业的资产总额数量。创

新水平包括三个指标：①知识产权数量指企业拥有的知识产权的数量；②研发支出占收入比重指企业投入研究开发的费用与营业收入之比；③研发人员比重指企业员工中本科以上学历占全部员工的比重。管理水平包括三个指标：①专门人员管理指企业安排用于专门管理知识产权的人员数量；②权属明晰性指企业拥有知识产权的权利；③变现能力指企业知识产权的变现难易程度。人员风险包括两个指标：①专业技术水平指在知识产权质押融资过程中各操作环节操作人员的专业技术水平；②职业素养水平指在知识产权质押融资过程中各操作环节操作人员的职业道德素养。流程风险包括两个指标：①流程规范度指在知识产权质押融资过程中各环节操作流程的标准化程度；②流程信息化度指在知识产权质押融资过程中各环节操作流程的信息化程度。资格审批风险包括两个指标：①第三方监控平台审核指第三方风险监控平台对融资企业和中介机构资质的审核准确度；②银行审核指银行对第三方风险监控平台推荐的融资企业和中介机构的资质再次审核。合作密切程度包括三个指标：①合作年限指知识产权质押融资过程中各参与方之间的合作时间长短；②交易频率指知识产权质押融资过程中各参与方之间的合作次数；③信息共享程度指知识产权质押融资过程中各参与方之间的信息相互共享的程度。银担平台风险包括两个指标：①担保公司分摊比例指担保公司从银行等金融机构共担风险而分享的收益比例；②监控平台分摊比例指风险监控平台从银行等金融机构共担风险、提供服务而分享的收益比例。监控平台实力包括两个指标：①客户数量指风险监控平台拥有的融资企业和中介机构的数量；②获取信息质量指风险监控平台获取信息的及时性、完整性和准确性。

5.4 基于 Vague 集 TOPSIS 方法的质押融资风险静态评价

5.4.1 样本选取及数据来源

本书根据从国家知识产权局收集到的知识产权质押融资企业中考虑区域、规模、行业和数据的完整性等因素的影响，选取其中 5 家公司（公司股票代码分别为：300038、300048、300072、300318 和 300156）作为样本，采用 2015 年的数据进行测算，样本财务指标的原始数据来源于 Wind 数据库及上市公司年度财务报告的摘取，非财务指标由邀请的企业管理人员和知识产权领域的专家根据企业实际情况进行判别后采用 Vague 集的形式赋值。

5.4.2　评价指标的量化分析

依据知识产权质押融资风险静态评价指标体系，采用表 5－1 中的 38 个指标进行风险衡量。评价指标中的财务指标部分，直接通过上市公司的财务报告取得数据；而对于大多数难以用精确数字量化的定性指标，需要依赖于评估者的职业判断加以估计，并用 Vague 集的形式来表示。

（1）定量指标分析

流动比率（X_5）：该指标是反映企业短期偿债能力的一个指标，该指标值越大，说明企业的流动资产比例越大，企业的短期偿债风险越低，结合本书选取样本的情况，我们认为如果指标值超过 3，将会降低企业的盈利能力，反而对企业的偿债能力有负面影响；该指标也不可能低于 0。根据取得的数据显示，选取样本公司的流动比率分别为 2.044、2.616、1.907、2.659 和 2.108。

资产负债率（X_6）：该指标是反映企业长期偿债能力及企业资本结构的一个指标，指标值过高，说明企业面临破产风险，本书选取的样本公司均为创业板公司，且多属于高新技术企业，具有轻资产的特点，所以我们认为资产负债率最优值不应该超过 65%；而最劣不应该低于 15%。根据取得的数据显示，选取样本公司的资产负债率分别为 31.2%、25.7%、52.5%、28.3% 和 42.1%。

利息保障倍数（X_7）：该指标是反映企业经营所获得的利润与要支付的利息之间的关系，指标值越高，说明企业的偿债能力越强，结合选取样本公司的情况，我们认为利息保障倍数很难超过 15，但低于 1 就没有讨论的意义了。本书选取样本公司的利息保障倍数分别为 2.558、11.351、4.22、13.512 和 9.401。

净资产收益率（X_8）：该指标从投资者拥有资产的角度反映企业的盈利能力，指标值越高，说明企业的偿债能力越强，结合选取样本公司的实际情况，界定公司的净资产收益率最优值为20%，最劣值为样本公司中该指标的最低值。本书选取样本公司的净资产收益率分别为2.7%、2.8%、16.7%、4.8%和9.7%。

销售净利率（X_9）：该指标从企业实现单位收入中所包含的净利润比例来反映企业的盈利能力，指标值越高，说明企业的偿债能力越强，结合选取样本公司的实际情况，界定公司的销售净利率最优值为15%，最劣值不低于5%。本书选取样本公司的销售净利率分别为7.3%、8.6%、14.3%、5.4%和14.4%。

总资产报酬率（X_{10}）：该指标从企业单位资产实现利润的角度反映企业的盈利能力，指标值越高，说明企业的偿债能力越强，结合选取样本公司的实际情况，界定公司的总资产报酬率最大值为10%，最小值不低于2%。本书选取样本公司的总资产报酬率分别为1.9%、2.1%、8%、3.4%和5.6%。

销售增长率（X_{11}）和资产增长率（X_{12}）：这两个指标分别从不同角度反映企业的增长情况，选用样本中的最大值为最优值，最小值为最劣值。本书选取样本公司的销售增长率分别为47.9%、67.1%、15.3%、42.5%和8.4%；资产增长率分别为60%、60.9%、93.7%、32%和7.3%。

可持续增长率（X_{13}）：该指标反映企业长期可以维持的发展速度，如果速度增长过快，则很难保持持续增长，结合选取样本公司的实际情况，界定企业可持续的增长率不会超过20%，最劣值为样本公司中该指标的最低值。本书选取样本公司的可持续增长率分别为2.5%、2%、15.8%、4.2%和8%。

现金比率（X_{14}）：该指标从货币资金与短期债务的角度反映企业现金的持有水平。现金持有水平越高，则企业的财务风险越低。结合选取样本公司的实际情况，界定现金比率的最优值不超过80%，最劣值为不低于40%。本书选取样本公司的现金比率分别为33.3%、62.7%、72.6%、

50.6% 和 46.4% 。

营业收入现金比率（X_{15}）：该指标从经营活动产生的净现金流量与实现收入的关系反映企业现金的持有水平。现金持有水平越高，则企业的财务风险越低。结合选取样本公司的实际情况，界定营业收入现金比率的最优值不超过 1.5，最劣值为样本公司中该指标的最低值。本书选取样本公司的营业收入现金比率分别为 1.234、0.581、0.684、1.151 和 0.66。

企业规模（X_{19}）：该指标反映企业拥有资产总额的多少。一般来说，企业规模越大，抗风性能力越强。本书中选用样本公司中的最大值为最优值，最劣值为样本公司中该指标的最低值。本书选取样本公司的企业规模分别为 6205266584 元、2303859186 元、1175985937 元、1820853009 元和 4262130312 元。

知识产权数量（X_{20}）：该指标从企业拥有知识产权数量的角度反映企业知识产权的水平及未来发展的潜力，结合选取样本公司的实际情况，界定知识产权数量的最大值不超过 35，选取样本中的最大值为最优值，最小值为样本公司中该指标的最劣值。本书选取样本公司的知识产权数量分别为 20、25、28、15 和 30。

研发支出占收入比重（X_{21}）：该指标从研发投入的角度反映企业知识产权的水平及未来发展的潜力，结合选取样本公司的实际情况，界定研发支出占收入比重的最优值不超过 70%，最劣值不低于 1.5%。本书选取样本公司的研发支出占收入比重分别为 18.6%、7.7%、0.2%、1.7% 和 65.8%。

研发人员比重（X_{22}）：该指标从研发人员占比的角度反映企业知识产权的水平及未来发展的潜力，结合选取样本公司的实际情况，界定研发人员比重的最优值不超过 36%，最劣值不低于 4%。本书选取样本公司的研发人员比重分别为 9.25%、10.2%、15.76%、4.56% 和 35.14%。

（2）定性指标分析

本书将每个定性指标对风险的影响程度设计为 5 个等级：风险低、风险较低、一般、风险较高和风险高。我们邀请了 10 位专家分别对 5 家公司的定性评价指标按照 5 个风险等级进行判断，在统计时，把判断为风险低和风险较低的结果设计为 Vague 集的真隶属函数 $t_A（x）$，而把判断为风险较高和风险高的结果设计为 Vague 集的假隶属函数 $f_A(x)$，同时把判断为一般的结果设计为 Vague 集的不确定度 $\pi_A(x)$。显然，有 $\pi_A(x) = 1 - t_A(x) - f_A(x)$，且有 $0 \leqslant t_A(x) + f_A(x) \leqslant 1$。

5.4.3　构造评价指标 Vague 集的评判矩阵

采用 Vague 集表示评价指标时，三级指标中定量指标结合上述定量指标量化分析的结果，根据其性质分别从公式 5 - 13、公式 5 - 14 和公式 5 - 15 中选择相应的公式转换为 Vague 集的表示形式。以 B_3 公司中的 X_9 指标为例，该指标为效益型指标，其中，X_j^P 为 15%，X_j^R 为 5%，$X_j^{\max}$ 为 14.4%，$X_j^{\min}$ 为 5.4%，x_{ij} 为 14.3%，选择公式 5 - 13 进行转换，结果为 $[0.79, 1]$，说明该公司的该项指标风险低或风险较低的可能性为 79%，不存在风险高或风险较高的情况，还有 21% 的可能性为风险中等。其他量化指标依此类推进行转换。

定性指标则根据专家对公司的判断结果，采用定性指标风险的规定，归纳为 Vague 集的形式表示。如对于 B_1 公司中的 X_1 指标，10 位专家中有 6 位专家评价为风险低和风险较低，有 2 位专家评价为风险较高和风险高，还有 2 位专家评级为风险一般，则最后的评判结果表示为 $[0.6, 0.8]$；依此类推。最终 5 家公司的 38 个评价指标判断结果见表 5 - 2。

表 5 - 2　用 Vague 值表示的评判矩阵

指标	B_1	B_2	B_3	B_4	B_5
X_1	$[0.6, 0.8]$	$[0.7, 0.9]$	$[0.9, 1]$	$[0.7, 0.8]$	$[0.8, 0.9]$
X_2	$[0.6, 0.9]$	$[0.6, 0.8]$	$[0.8, 0.9]$	$[0.5, 0.7]$	$[0.7, 0.8]$
X_3	$[0.8, 0.9]$	$[0.7, 0.8]$	$[0.8, 0.9]$	$[0.5, 0.8]$	$[0.7, 0.9]$
X_4	$[0.6, 0.8]$	$[0.7, 0.9]$	$[0.8, 0.9]$	$[0.7, 0.8]$	$[0.9, 1]$
X_5	$[0.02, 0.23]$	$[0.42, 0.88]$	$[0, 0]$	$[0.47, 0.9]$	$[0.03, 0.33]$
X_6	$[0.37, 0.98]$	$[0.59, 1]$	$[0, 0.41]$	$[0.48, 0.99]$	$[0.09, 0.78]$
X_7	$[0, 0.39]$	$[0.39, 0.98]$	$[0.02, 0.56]$	$[0.61, 1]$	$[0.24, 0.91]$
X_8	$[0, 0.35]$	$[0, 0.35]$	$[0.65, 1]$	$[0.01, 0.53]$	$[0.17, 0.84]$

续表

指标	B₁	B₂	B₃	B₄	B₅
X_9	[0.04, 0.5]	[0.1, 0.66]	[0.79, 1]	[0, 0.19]	[0.81, 1]
X_{10}	[0, 0.42]	[0, 0.46]	[0.58, 1]	[0.04, 0.67]	[0.21, 0.91]
X_{11}	[0.45, 0.89]	[1, 1]	[0.01, 0.22]	[0.34, 0.82]	[0, 0]
X_{12}	[0.37, 0.85]	[0.39, 0.86]	[1, 1]	[0.08, 0.49]	[0, 0]
X_{13}	[0, 0.45]	[0, 0.41]	[0.59, 1]	[0.02, 0.59]	[0.11, 0.81]
X_{14}	[0, 0.03]	[0.54, 0.94]	[0.97, 1]	[0.19, 0.7]	[0.11, 0.57]
X_{15}	[0.51, 1]	[0, 0.49]	[0.01, 0.64]	[0.38, 0.99]	[0.01, 0.61]
X_{16}	[0.7, 0.8]	[0.7, 0.9]	[0.8, 0.9]	[0.6, 0.7]	[0.9, 1]
X_{17}	[0.8, 0.9]	[0.7, 0.8]	[0.8, 1]	[0.5, 0.8]	[0.9, 0.9]
X_{18}	[0.7, 0.8]	[0.7, 0.9]	[0.6, 0.9]	[0.6, 0.9]	[0.8, 0.9]
X_{19}	[1, 1]	[0.05, 0.4]	[0, 0]	[0.02, 0.24]	[0.38, 0.85]
X_{20}	[0.06, 0.75]	[0.25, 0.94]	[0.42, 0.99]	[0, 0.44]	[0.56, 1]
X_{21}	[0.06, 0.52]	[0.01, 0.28]	[0.07, 0.55]	[0, 0.12]	[0.88, 1]
X_{22}	[0.02, 0.35]	[0.03, 0.39]	[0.12, 0.63]	[0, 0.09]	[0.91, 1]
X_{23}	[0.5, 0.8]	[0.7, 0.8]	[0.7, 0.9]	[0.6, 0.7]	[0.8, 0.9]
X_{24}	[0.6, 0.7]	[0.4, 0.7]	[0.7, 0.9]	[0.6, 0.7]	[0.7, 0.8]
X_{25}	[0.6, 0.8]	[0.5, 0.8]	[0.7, 0.8]	[0.6, 0.9]	[0.7, 0.9]
X_{26}	[0.7, 0.8]	[0.7, 0.9]	[0.8, 0.9]	[0.6, 0.8]	[0.9, 1]
X_{27}	[0.6, 0.8]	[0.5, 0.7]	[0.7, 0.9]	[0.6, 0.9]	[0.7, 0.9]
X_{28}	[0.7, 0.8]	[0.5, 0.8]	[0.6, 0.8]	[0.8, 0.9]	[0.6, 0.9]
X_{29}	[0.5, 0.7]	[0.4, 0.6]	[0.7, 0.9]	[0.6, 0.8]	[0.8, 0.9]
X_{30}	[0.7, 0.9]	[0.8, 0.9]	[0.6, 0.8]	[0.7, 0.8]	[0.9, 1]
X_{31}	[0.8, 0.9]	[0.7, 0.9]	[0.9, 1]	[0.5, 0.7]	[0.7, 0.9]
X_{32}	[0.6, 0.8]	[0.5, 0.8]	[0.6, 0.9]	[0.8, 0.9]	[0.7, 0.9]
X_{33}	[0.7, 0.9]	[0.9, 1]	[0.8, 0.9]	[0.9, 1]	[0.8, 0.9]
X_{34}	[0.6, 0.8]	[0.5, 0.7]	[0.7, 0.8]	[0.6, 0.9]	[0.7, 0.9]
X_{35}	[0.9, 1]	[0.8, 0.9]	[0.7, 0.9]	[0.6, 0.8]	[0.7, 0.9]
X_{36}	[0.7, 0.9]	[0.6, 0.8]	[0.8, 0.9]	[0.7, 0.9]	[0.9, 1]
X_{37}	[0.7, 0.9]	[0.7, 0.9]	[0.8, 0.9]	[0.6, 0.8]	[0.8, 0.9]
X_{38}	[0.7, 0.8]	[0.6, 0.9]	[0.7, 0.9]	[0.7, 0.8]	[0.8, 0.9]

5.4.4　构建适合度矩阵 SM

根据 $x_{ij} = t_{ij} - f_{ij} = t_{ij} + t_{ij}^* - 1$（公式 5 – 16）计算每个备选方案对于决策者需求的满意度，并构建适合度矩阵 SM。对于定性指标来说，严格按照专家评判结果赋值，因此满意度都可以用正值来表示；而对于量化指标来说，根据实际采集的数据以及换算公式得到的 Vague 值则有可能为负值，但这并不影响适合度矩阵的作用和后续的计算。由于本书涉及的数据较多，所以用表格的形式代替矩阵的书写形式。具体结果见表 5 – 3。

表 5 – 3　适合度矩阵 SM

$t_{ij} - f_{ij}$	X_{i1}	X_{i2}	X_{i3}	X_{i4}	X_{i5}	X_{i6}	X_{i7}	X_{i8}
B_1	0.40	0.50	0.90	0.40	– 0.75	0.35	– 0.61	– 0.65
B_2	0.60	0.40	0.50	0.60	0.30	0.59	0.37	– 0.65
B_3	0.90	0.70	0.70	0.70	– 1.00	– 0.59	– 0.43	0.65
B_4	0.50	0.20	0.40	0.50	0.38	0.47	0.61	– 0.46
B_5	0.70	0.50	0.60	0.90	– 0.63	– 0.13	0.15	0.00
$t_{ij} - f_{ij}$	X_{i9}	X_{i10}	X_{i11}	X_{i12}	X_{i13}	X_{i14}	X_{i15}	X_{i16}
B_1	– 0.47	– 0.58	0.35	0.22	– 0.55	– 0.97	0.51	0.50
B_2	– 0.23	– 0.54	1.00	0.24	– 0.59	0.48	– 0.51	0.60
B_3	0.79	0.58	– 0.76	1.00	0.59	0.97	– 0.35	0.70
B_4	– 0.81	– 0.30	0.16	– 0.43	– 0.40	– 0.12	0.38	0.30
B_5	0.81	0.12	– 1.00	– 1.00	– 0.08	– 0.32	– 0.38	0.90
$t_{ij} - f_{ij}$	X_{i17}	X_{i18}	X_{i19}	X_{i20}	X_{i21}	X_{i22}	X_{i23}	X_{i24}
B_1	0.70	0.50	1.00	– 0.19	– 0.41	– 0.63	0.30	0.30
B_2	0.50	0.60	– 0.55	0.19	– 0.71	– 0.58	0.50	0.10
B_3	0.80	0.50	– 1.00	0.41	– 0.38	– 0.24	0.60	0.60
B_4	0.30	0.50	– 0.74	– 0.56	– 0.88	– 0.91	0.30	0.30
B_5	0.80	0.70	0.23	0.56	0.88	0.91	0.70	0.50

$t_{ij}-f_{ij}$	X_{i25}	X_{i26}	X_{i27}	X_{i28}	X_{i29}	X_{i30}	X_{i31}	X_{i32}
B_1	0.40	0.50	0.40	0.50	0.20	0.60	0.70	0.40
B_2	0.30	0.60	0.20	0.30	0.00	0.70	0.60	0.30
B_3	0.50	0.70	0.60	0.40	0.60	0.40	0.90	0.50
B_4	0.50	0.40	0.50	0.70	0.40	0.50	0.20	0.70
B_5	0.60	0.90	0.60	0.50	0.70	0.90	0.60	0.60

$t_{ij}-f_{ij}$	X_{i33}	X_{i34}	X_{i35}	X_{i36}	X_{i37}	X_{i38}
B_1	0.60	0.40	0.90	0.60	0.60	0.50
B_2	0.90	0.20	0.70	0.40	0.60	0.50
B_3	0.70	0.50	0.60	0.70	0.70	0.60
B_4	0.90	0.50	0.40	0.60	0.40	0.50
B_5	0.70	0.50	0.60	0.90	(0.63)	(0.13)

5.4.5 确定 VPIS 和 VNIS

在运用 TOPSIS 方法进行知识产权质押融资风险评价决策时，从适合度矩阵中，根据评价指标的类型和公式 5 – 17 找出基于 Vague 集评判矩阵的正理想解 VPIS 和负理想解 VNIS。结果见表 5 – 4。

表 5 – 4 基于 Vague 集的正、负理想解

指标	X_1	X_2	X_3	X_4	X_5	X_6
VPIS	[0.9, 1]	[0.8, 0.9]	[0.8, 0.9]	[0.9, 1]	[0.47, 0.9]	[0.59, 1]
VNIS	[0.6, 0.8]	[0.5, 0.7]	[0.5, 0.8]	[0.6, 0.8]	[0, 0]	[0, 0.41]

指标	X_7	X_8	X_9	X_{10}	X_{11}	X_{12}
VPIS	[0.61, 1]	[0.65, 1]	[0.81, 1]	[0.58, 1]	[1, 1]	[1, 1]
VNIS	[0, 0.39]	[0, 0.35]	[0, 0.35]	[0, 0.42]	[0, 0]	[0, 0]

指标	X_{13}	X_{14}	X_{15}	X_{16}	X_{17}	X_{18}
VPIS	[0.59, 1]	[0.97, 1]	[0.51, 1]	[0.9, 1]	[0.8, 1]	[0.8, 0.9]
VNIS	[0, 0.41]	[0, 0.03]	[0, 0.49]	[0.6, 0.7]	[0.5, 0.8]	[0.7, 0.8]

指标	X_{19}	X_{20}	X_{21}	X_{22}	X_{23}	X_{24}
VPIS	[1, 1]	[0.56, 1]	[0.88, 1]	[0.91, 1]	[0.8, 0.9]	[0.7, 0.9]
VNIS	[0, 0]	[0, 0.44]	[0, 0.12]	[0, 0.09]	[0.5, 0.8]	[0.4, 0.7]

指标	X_{25}	X_{26}	X_{27}	X_{28}	X_{29}	X_{30}
VPIS	[0.7, 0.9]	[0.9, 1]	[0.7, 0.9]	[0.8, 0.9]	[0.8, 0.9]	[0.9, 1]
VNIS	[0.5, 0.8]	[0.6, 0.8]	[0.5, 0.7]	[0.5, 0.8]	[0.4, 0.6]	[0.6, 0.8]

指标	X_{31}	X_{32}	X_{33}	X_{34}	X_{35}	X_{36}
VPIS	[0.9, 1]	[0.8, 0.9]	[0.9, 1]	[0.7, 0.9]	[0.9, 1]	[0.9, 1]
VNIS	[0.5, 0.7]	[0.5, 0.8]	[0.7, 0.9]	[0.5, 0.7]	[0.6, 0.8]	[0.6, 0.8]

指标	X_{37}	X_{38}
VPIS	[0.8, 0.9]	[0.8, 0.9]
VNIS	[0.6, 0.8]	[0.6, 0.9]

5.4.6　评价指标权重的确定

本书采用层次分析法对知识产权质押融资风险静态评价指标体系中不同等级的评价指标给予赋权。层次分析法（Analytic Hierarchy Process，AHP）是把多目标、多准则且难以标准量化处理的决策问题化为多层次的单目标问题进行解决的一种方法。该方法通过将复杂的综合性决策问题分解成不同的层次结构，再将这些因素按所属关系或者影响作用进一步具体化，形成递阶层次结构，建立判断矩阵，通过两两指标相互比较，确定同一层次上不同指标相对上一层次指标的重要程度，从而得到指标的权重。由于它能够很好地将定性与定量方法进行有机结合，同时把人的主观评价用数量的形式来表达并处理，并且把复杂的问题通过层次分解为易操作的问题，因而得到了广泛的应用[112-116]。知识产权质押融资风险静态评价指标体系属于多层次的问题并且涉及多个定性和定量指标，所以本书选用层次分析法对评价指标的权重予以赋值。具体步骤如下所述。

步骤1，根据表5-1中指标体系的层次关系建立层次结构模型。

步骤 2，构造判断矩阵。根据 AHP 软件 yaahp 6.9 中设计的 1～9 级标度法对表 5－1 中不同层级指标进行比较和判断，构造不同层级指标的判断矩阵。比如知识产权质押融资风险 Y_1 由 5 个一级评价指标 $D_1 \sim D_5$ 共同决定，构建判断矩阵需要将 $D_1 \sim D_5$ 指标之间两两对比其相对于 Y_1 的重要程度，得到下面比较判断矩阵 Y_1。其他指标依次根据指标层次逐层递进，直到三级指标两两比较相对于二级指标的重要性判断矩阵。

$$Y_1 = \begin{bmatrix} 1 & 1/6 & 1/2 & 1/3 & 1/5 \\ 6 & 1 & 6 & 4 & 2 \\ 2 & 1/6 & 1 & 1/3 & 1/4 \\ 3 & 1/4 & 3 & 1 & 1/3 \\ 5 & 1/2 & 4 & 3 & 1 \end{bmatrix}$$

步骤 3，计算不同层级判断矩阵的特征向量及最大特征值 $\lambda_{\max}$。

步骤 4，进行一致性检验。运用判断矩阵的一致性指标 $CI = \dfrac{\lambda_{\max} - n}{n-1}$ 来比较一致性偏离的程度，将判断矩阵平均随机一致性指标用 RI 代替，$CR = \dfrac{CI}{RI}$，CR 越小，判断矩阵的一致性越好。当判断矩阵阶数大于 2 时，若 CR ≤ 0.10，说明判断矩阵满足一致性要求，否则就不满足，继续调整判断矩阵，使之满足一致性条件。见表 5－5。

表 5－5 平均随机一致性指标 RI

阶数	1	2	3	4	5	6	7	8	9	10	11
RI	0.00	0.00	0.52	0.88	1.12	1.25	1.36	1.41	1.46	1.49	1.52

步骤 5，计算各项指标权重并赋值。本书采用专门的 AHP 软件 yaahp 6.9 层次分析软件进行运算。具体做法如下：首先邀请了 5 位专家针对表 5－1 中的各层次评价指标间的重要性进行了比较，构造出各层次各因素的判断矩阵，如上述的矩阵 Y_1；然后根据软件要求，建立层次模型、录入判断矩阵数据、排序权重计算等。因为层次分析法确定权重已经是非常成熟的一种方法，整个计算过程由软件快速完成，并能够自动判断一致性

的检验，所以软件运行过程不在文中列示。需要说明的是，为了保证评价指标权重结果的客观性，我们采用了 5 位专家判断的运行结果的均值作为各评价指标的权重。权重结果见表 5 – 1。

5.4.7　计算欧式距离 d_i^+ 和 d_i^- 及贴近度 $\sigma\,(A_i)$

根据公式 5 – 18 和公式 5 – 19 计算每个备选方案到 VPIS 和 VNIS 的距离 d_i^+ 和 d_i^-。其中，$M_z\,(x,\ y)$ 和 $M_w\,(x,\ y)$（$i = 1,\ 2,\ \cdots,\ 5$；$j = 1,\ 2,\ \cdots,\ 38$）的计算结果见表 5 – 6。

表 5 – 6　两个 Vague 值间的相似度量结果

$M_z\,(x,\ y)$	X_{i1}	X_{i2}	X_{i3}	X_{i4}	X_{i5}	X_{i6}	X_{i7}	X_{i8}
B_1	0.739	0.807	0.598	0.525	0.550	0.500	0.525	0.589
B_2	0.599	0.707	0.458	0.500	0.600	0.550	0.500	0.586
B_3	0.765	0.912	0.562	0.500	0.600	0.525	0.525	0.500
B_4	0.599	0.761	0.500	0.550	0.625	0.525	0.550	0.551
B_5	0.723	0.905	0.450	0.525	0.625	0.500	0.500	0.460
$M_z\,(x,\ y)$	X_{i9}	X_{i10}	X_{i11}	X_{i12}	X_{i13}	X_{i14}	X_{i15}	X_{i16}
B_1	0.489	0.605	0.417	0.419	0.592	0.506	0.499	0.550
B_2	0.480	0.596	0.500	0.418	0.602	0.423	0.621	0.500
B_3	0.496	0.500	0.452	0.500	0.499	0.499	0.555	0.525
B_4	0.548	0.529	0.422	0.418	0.564	0.434	0.473	0.575
B_5	0.500	0.453	0.500	0.500	0.474	0.426	0.570	0.500
$M_z\,(x,\ y)$	X_{i17}	X_{i18}	X_{i19}	X_{i20}	X_{i21}	X_{i22}	X_{i23}	X_{i24}
B_1	0.575	0.625	0.550	0.551	0.484	0.494	0.575	0.675
B_2	0.600	0.575	0.451	0.504	0.519	0.487	0.625	0.625
B_3	0.525	0.550	0.500	0.521	0.483	0.473	0.575	0.600
B_4	0.550	0.550	0.473	0.636	0.554	0.545	0.650	0.675
B_5	0.600	0.600	0.469	0.550	0.549	0.550	0.600	0.650

续表

$M_z\ (x,\ y)$	X_{i25}	X_{i26}	X_{i27}	X_{i28}	X_{i29}	X_{i30}	X_{i31}	X_{i32}
B_1	0.625	0.600	0.625	0.600	0.625	0.550	0.575	0.600
B_2	0.600	0.550	0.650	0.550	0.650	0.575	0.550	0.575
B_3	0.650	0.575	0.600	0.575	0.575	0.575	0.550	0.550
B_4	0.575	0.575	0.575	0.575	0.600	0.600	0.600	0.600
B_5	0.600	0.550	0.600	0.525	0.600	0.550	0.550	0.575
$M_z\ (x,\ y)$	X_{i33}	X_{i34}	X_{i35}	X_{i36}	X_{i37}	X_{i38}		
B_1	0.550	0.625	0.550	0.550	0.575	0.625		
B_2	0.550	0.650	0.575	0.575	0.575	0.550		
B_3	0.575	0.650	0.550	0.575	0.600	0.575		
B_4	0.550	0.575	0.575	0.550	0.600	0.625		
B_5	0.575	0.600	0.550	0.550	0.600	0.600		
$M_w\ (x,\ y)$	X_{i1}	X_{i2}	X_{i3}	X_{i4}	X_{i5}	X_{i6}	X_{i7}	X_{i8}
B_1	0.614	0.752	0.889	0.700	0.700	0.600	0.700	0.848
B_2	0.759	0.794	0.803	0.650	0.750	0.700	0.650	0.852
B_3	0.500	0.705	0.971	0.600	0.700	0.650	0.650	0.673
B_4	0.739	0.770	0.694	0.700	0.800	0.700	0.700	0.935
B_5	0.659	0.702	0.848	0.650	0.750	0.650	0.600	0.907
$M_w\ (x,\ y)$	X_{i9}	X_{i10}	X_{i11}	X_{i12}	X_{i13}	X_{i14}	X_{i15}	X_{i16}
B_1	0.834	0.919	0.747	0.776	0.932	0.532	0.747	0.750
B_2	0.901	0.938	0.500	0.771	0.911	0.722	0.992	0.700
B_3	0.604	0.709	0.607	0.500	0.706	0.517	0.934	0.700
B_4	0.690	0.955	0.787	0.724	0.991	0.817	0.759	0.800
B_5	0.595	0.835	0.500	0.500	0.889	0.774	0.950	0.650
$M_w\ (x,\ y)$	X_{i17}	X_{i18}	X_{i19}	X_{i20}	X_{i21}	X_{i22}	X_{i23}	X_{i24}
B_1	0.650	0.650	0.500	0.905	0.807	0.712	0.700	0.800
B_2	0.700	0.600	0.687	0.811	0.698	0.734	0.700	0.800
B_3	0.600	0.600	0.500	0.785	0.819	0.831	0.650	0.700
B_4	0.700	0.600	0.616	0.939	0.622	0.588	0.750	0.800
B_5	0.650	0.600	0.774	0.719	0.562	0.543	0.650	0.750

续表

$M_w (x, y)$	X_{i25}	X_{i26}	X_{i27}	X_{i28}	X_{i29}	X_{i30}	X_{i31}	X_{i32}
B_1	0.700	0.700	0.750	0.700	0.850	0.650	0.700	0.700
B_2	0.700	0.650	0.800	0.700	0.900	0.650	0.700	0.700
B_3	0.700	0.650	0.700	0.700	0.750	0.700	0.650	0.650
B_4	0.650	0.700	0.700	0.650	0.800	0.700	0.800	0.650
B_5	0.650	0.600	0.700	0.650	0.750	0.600	0.700	0.650
$M_w (x, y)$	X_{i33}	X_{i34}	X_{i35}	X_{i36}	X_{i37}	X_{i38}		
B_1	0.600	0.750	0.600	0.650	0.650	0.700		
B_2	0.550	0.800	0.650	0.700	0.650	0.650		
B_3	0.600	0.750	0.650	0.650	0.650	0.650		
B_4	0.550	0.700	0.700	0.650	0.700	0.700		
B_5	0.600	0.700	0.650	0.600	0.650	0.650		

计算每个备选方案到 VPIS 和 VNIS 的距离 d_i^+、d_i^- 和 $\sigma (A_i)$。计算结果见表 5 – 7。

表 5 – 7　d_i^+、d_i^- 和 $\sigma (A_i)$ 的计算结果

方案	d_i^+	d_i^-	$\sigma (A_i)$
B_1	0.7041	0.5947	0.4579
B_2	0.7367	0.5587	0.4313
B_3	0.5747	0.6861	0.5442
B_4	0.7272	0.5744	0.4413
B_5	0.4840	0.7620	0.6115

5.4.8　按贴近度值的大小进行排序及结果分析

根据表 5 – 7 中的计算结果，贴近度的值越大，说明方案越靠近正理想解，质押融资风险越低；反之，风险越高。根据 $\sigma (A_i)$ 的值由大到小排序的结果为：

$$B_5 > B_3 > B_1 > B_4 > B_2$$

从计算结果可以看出，在这 5 家样本公司中 B_5 的相对贴近度数值最大，说明 B_5 公司的知识产权质押融资风险最低。如果第三方动态风险监控平台对上述 5 家公司进行风险水平测试，则 B_5 公司是知识产权质押融资的最优选择目标。下面对这一排名结果做简要分析。

B_5 与 B_3 公司均是在北京注册的环保行业中的高新技术企业。B_5 公司主要提供全球化石能源节能环保技术、治理大气雾霾的公司，在化石能源领域、可再生资源利用领域和矿产资源高效清洁利用领域中的高新技术研发和实施产业化发展位居行业领军地位，是中国北京科博会认定的自主创新企业、创新节能减排技术企业，同时也是北京市火炬计划项目企业，通过了 ISO 9001：2008 质量管理体系认证。B_3 公司致力于能源净化产品的研发、生产和市场营销网络的建设，形成了百余项自主知识产权，但在经营与财务实力方面均弱于行业领军企业。算例中的排名采用的是 2015 年数据，从 2016 年的公司财务数据中可以看到，B_3 公司资产负债率高于 B_5 公司，且现金净流量低于 B_5 公司，这也能从一个侧面说明排名的科学性。

B_1 公司是北京注册的通信设备行业的高新技术企业，该公司提供通信塔产品整体解决方案，是中国 3G 时代网络基础建设领域中的领航者。主要经营传统通信相关业务、移动互联网运营与服务业务。随着通信网络维护服务市场化规模的不断扩大，竞争也愈加激烈，2014 年 10 月开始公司通过自建和收购两种方式从原有设备制造逐渐向信息基础设施综合投资、建设及运营服务方面进行转型升级，加大研发投入力度，实现技术创新，同时加强公司管理层的管理素质，使公司的融资能力和还贷能力都得到极大增强。

B_4 公司是河北注册的食品饮料行业的国家级高新技术企业。该企业主要从事天然香辛料提取物及精油、天然色素、天然营养及药用提取物的研制和生产。天然色素的生产和销售位居中国首位，也是全球辣椒红色素最大的生产供应商。建有业内首家也是唯一一家省级工程技术研究中心。2015 年公司主要产品辣椒红的销量实现稳步增长，叶黄素产量居世界第一，葡萄籽提取物市场化占有率大幅提升。同时，公司加大了研发力度，完善管理体体制，积极谋划产业布局，牵头成立国内首个辣椒产业技术创新战略联盟，打造产业链共赢模式，提升公司长期的综合竞争力。该公司所处行业及其公司综合实力大大降低了融资风险，列于 B_2 之前。

B_2 公司是北京注册的节能降耗产业的公司，专注于研发和生产高压、大功率变频器的民营高科技企业。经过多年的发展，公司的业务逐渐凝聚为三大业务板块：节能设备高端制造业、节能环保项目建设及运营产业、新能源汽车总成配套及运营产业。因为高压变频器行业下游客户多为电力、采掘、石油、冶金等重工业，2015 年和 2016 年受到经济结构调整和行业下行压力的影响，公司加强新能源汽车及充电桩产业链相关产品的市场化开发力度，虽然从战略角度看，公司战略的扩展和产业延伸有利于长期发展，但短期内可能影响了公司的综合实力，从而排名落后。

5.5 本章小结

本章主要从系统性视角构建了知识产权质押融资风险静态评价指标体系，并运用层次分析法确定各评价指标的权重，运用 Vague 集的 TOPSIS 多属性决策方法建立知识产权质押融资风险评价模型，并通过算例说明该方法的适用性。首先，介绍了 Vague 集和 TOPSIS 多属性决策方法的基本理论，以及基于 Vague 集的 TOPSIS 方法的原理和计算步骤；其次，在文献研读以及与企业管理人员、知识产权研究人员、知识产权运营机构相关人员进行座谈的基础上，结合本书风险形成机理的理论分析，遵循评价指标体系建立的原则，从系统性视角构建了包括 5 个大类 16 个维度 38 个具体指标的知识产权质押融资风险评价指标体系；最后，选取 5 家知识产权质押融资企业为研究样本，将定量指标和定性指标以 Vague 集的形式进行表示，构造 Vague 集的评判矩阵，确定正、负理想解；运用层次分析法对评价指标赋予权重值；计算不同的样本公司到正、负理想解的欧式距离，计算贴近度并进行排序，最后对评价结果进行了简要的分析。算例结果表明，基于 Vague 集的 TOPSIS 方法为选择融资企业提供了一种新的风险评价方法。

第六章　知识产权质押融资后
风险的动态预警

银行等金融机构在某一时点是否贷款给融资企业以及将款项贷给哪个融资企业的问题属于静态风险评价问题。银行根据静态风险评价结果将款项发放给融资企业后，知识产权质押融资风险的评价也由从众多的融资企业中选择放贷企业转变为对放贷后融资企业的动态风险监控。金融机构在发放贷款前虽然对融资企业的资格进行了严格的审核，但随着时间的推移，融资企业的经营是一个变化的过程，财务和经营状态的变化也是一个动态过程，存在企业的发展偏离预期状态的可能。因此，发放贷款后对融资企业的财务状况和经营状况利用动态评价模型进行风险的实时监控和预警，是防范还贷危机、降低知识产权质押融资风险的关键环节。一旦企业的财务状况呈现出重度还贷风险状况，则需要结合其质押的知识产权价值进行综合权衡。由于不同企业的质押物标的存在着差异，只能具体情况具体分析。因此，本部分重点讨论如何根据融资企业财务状况的变动情况对融资风险进行实时监控和预警。Vague 集 TOPSIS 方法的静态风险评价模型虽然能够对某一时点的风险进行评价，但无法对持续变动的风险进行监控和预测。本章将研究银行等金融机构发放贷款后，跟踪融资企业的发展状况，收集融资企业相关财务指标的时间序列数据，运用状态空间方法描述质押融资风险的状态和测量，构建动态的风险监控和预警模型，从而利用 Kalman 滤波器对风险预警模型进行参数优化和质押融资风险状态的估计，并对风险的动态变化进行仿真，实现风险的动态监控和预警。

6.1　Kalman 滤波在质押融资风险预警中的适用性

随着计算机应用技术和信息技术的广泛应用，美国数学家和控制论学者 Rudolf Kalman 于 1960 年首次提出了最佳线性递推滤波——Kalman 滤波理论（状态估计理论）[117]。在随后的应用过程中，人们结合实际问题中的特点，逐步对传统的 Kalman 滤波进行了一系列的改进算法，如平方根滤波、UD 分解滤波、联邦滤波等，使得 Kalman 滤波算法在数值稳定性、计算效率、有效性和实用性等方面都实现了极大的进步。尤其是无轨迹 Kalman 滤波器，依赖于运用采样策略计算随机变量的统计特性以逼近非线性概率密度分布的方法，弥补了传统滤波线性化的约束条件，被广泛应用于全球定位系统、飞行器的导航和制导系统等领域。该方法的优点在于无须保留历史测量数据，根据当前新的测量数据和前一期的估计值，运用系统构建的状态转移方程，根据递推公式，即可计算出当前新的状态估计值。近几年，Kalman 滤波还被引入经济学领域（动态的股票价格预测模型等）和管理学领域（动态的财务风险预警模型等）。Kalman 滤波的优势使其在各个领域得到了广泛的应用，当前的文献中运用 Kalman 滤波主要进行两类研究：系统故障诊断和系统状态预估。唐晓彬（2010）运用 Kalman 滤波对经济周期与机制转换之间存在的联系进行了实证研究，结果表明经济周期的非对称性能够通过 Kalman 滤波得到很好的描述，政府的宏观调控政策对我国经济产生正向的冲击，宏观调控具有有效性[118]。岳金桂和武琳（2007）、高宇明和齐中英（2008）分别基于 Kalman 滤波方法建立了全要素生产率估算的状态空间模型，估计了不同样本区间的全要素生产率及其增长率，研究结果表明，Kalman 滤波方法能够消除索洛残差方法中或然因素的影响，全要素生产率的内涵得到了充分的反映[119-120]。张德鸿和李向军（2007）、刘晓曙和宋德舜（2012）分别对股价指数的波动以及债券品种的收益率构建状态空间模型进行了研究，结果表明 Kalman 滤波方法以自适应方式跟踪时序系列变化，能很好地拟合市场化数据效果，具有连续变化的稳定性[121-122]。张琳和王轶铭（2006）将 Kalman 滤波算法与随化方法及传统链梯法联系建立动态线性模型，对我国非寿险公司的数据进行评估[123]。对于财务危机预警传统的回归分析、多元判别分析等方法，一般仅采用截面数据进行分析，而财务危机是一个逐渐积累的过程，因而传统方法模型不够稳定，预警效果不佳。Kalman 滤波的特点恰好能够体现财务危机的形成过程。孙晓琳和田也壮等（2010）考虑财务比率在时间序列上的趋势性以及历史数据可能会影响破产结果，构建了 Kalman 滤波财务危机的动态预警模型，结果表明由年度破产概率值输出的基于 Kalman 滤波的动态模型优于静态预测模型[124]。孙晓琳（2011）提出，基于 Kalman 滤波的诸多优点，它可以在财务预警的算法中占主导地位[125]。朱兆珍（2016）基于 Kalman 滤波的动态模型并结合 Logistic 回归方法对企业不同生命周期阶段的财务危机进行了研究[126]。以上成果为 Kalman 滤波在动态风险研究中的应用提供了良好的思路和可借鉴的经验。鉴于此，本章运用 Kalman 滤波方法对放贷后融资企业的动态风险进行监控和预警。

依据知识产权质押融资风险的形成路径可知，当知识产权质押融资系统的任何参与主体发生变更或其所处环境发生变化时，知识产权质押融资风险的整体水平也将随之变化，而这些变化最终将通过财务数据的变化来反映。融资企业某一财务指标时间序列数据作为系统影响因素变化的结果，代表了企业某一方面的动态变化情况。通过对所有观测到的时间序列数据的变化来描述过程状态的变化，从而形成连续的动态数据。预警指标变化过程的稳定程度可以通过时间序列数据的平稳和非平稳来表示。实际应用中，我们观测到的样本的时间序列数据总是有限的，Kalman 滤波就是根据这些有限长度的时间序列数据建立统计模型，通过自身的递归循环特性达到监控和预警的目的，从而被人们引进风险预警领域。应用 Kalman 滤波的状态空间模型，我们将观测到的企业连续多期的财务指标数据输入方程，通过自循环，输出企业的状态或者估计参数，通过状态更新方程和观测更新方程将误差与各期数据的处理联系起来，并通过 Kalman 增益不断修订模型参数，最终得到最优滤波方程，以不断优化贴近企业实际财务状况变化的方法对其风险进行预警测量，对于知识产权质押融资系统的风险管理以及融资企业的经营管理决策具有重要的现实和理论意义。

6.2　Kalman 滤波方法原理

滤波是指通过过滤掉被噪声污染的观测信号中的噪声，获取未知真实信号或状态最优估值的过程[127]。最优滤波是指通过对大量的时间序列、信号或者状态的自递归循环过滤，获取最优估计参数或状态的过程。滤波的最终目的是根据含有噪声的时间序列的观测值，通过过滤污染噪声，实时估计出系统隐含的真实状态。数据滤波则是在测量的数据中去除噪声还原真实数据的一种数据处理方法。

6.2.1　Kalman 滤波算法

Kalman 滤波是一种基于状态空间模型解决状态估计问题的方法，它把信号过程视为白噪声作用下的一个线性系统的输出，用状态方程和观测方程来描述这种输入、输出关系，状态估计过程中利用系统状态方程、观测方程和白噪声的统计特性形成递推滤波算法。该方法不但可以估计平稳的随机过程，而且还可以估计非平稳的随机过程。Kalman 滤波的状态估计是在假设满足线性和高斯白噪声的条件下，利用 Kalman 增益的加权函数，可以得到线性无偏、最小方差估计。具体算法如下。

（1）状态空间模型的建立

Kalman 滤波用有限维的系统或者产生观测的物理过程的线性状态空间模型来描述复杂系统的状态估计问题。其核心内容包括建立描述状态变化的状态方程模型以及观测状态变化的观测方程。在复杂系统中，状态变量是指能够完全表征其时间域行为的一个最小内部变量组，$x_1(t)$, $x_2(t)$, …, $x_n(t)$ 所组成的一个列向量，表示为：

$$x(t) = \begin{bmatrix} x_1(t) \\ \vdots \\ x_n(t) \end{bmatrix} \qquad\qquad 公式 6-1$$

由公式 6-1 可知，状态 x 的维数为 n，即 $dimx = n$。

状态空间的定义：状态变量的一个集合构成状态空间，即状态向量取值的一个向量空间，其维数与状态变量的维数相同。时间序列的状态空间模型可以用状态方程和观测方程来表示：

状态方程：　　　　　　　　$x_t = A_t x_{t-1} + u_t$　　　　　公式 6-2

观测方程： $$y_t = H_t x_t + v_t \qquad \text{公式 } 6-3$$

其中：x_t 和 x_{t-1} 分别是 t 和 $t-1$ 时点的状态变量；A_t 是系统的状态变化矩阵，即从历史数据被估计的参数向量；u_t 表示系统过程噪声，是一个白噪声序列，$u_t \sim N(0, Q_t)$；Q_t 是系统状态过程噪声的对称非负定方差矩阵；y_t 表示测量值；H_t 是 t 时点的观测矩阵；v_t 表示测量噪声，是一个白噪声序列，$v_t \sim N(0, R_t)$；且满足 $E(v_t) = 0$，$E\left[(v_t), (v_t)^T\right] = R_t \delta_t$，$R_t$ 是系统观测噪声的对称正定方差矩阵；δ_t 是 $Kronecker\_\delta$ 函数。

（2）递推算法过程

假设观测目标的初始状态 x_0 与 u_1 不相关，即均值为 $E(x_0) = u_0$，协方差阵为 $E\left[(x_0 - \mu_0)(x_0 - \mu_0)^T\right] = p_0$；且 x_0、u_t 和 v_t 之间是相互统计独立的，则存在：

$$E\left[x_0, u_t^T\right] = 0$$

$$E\left[x_0, v_t^T\right] = 0$$

$$E\left[u_0, v_t^T\right] = 0$$

如果被估计状态 x_t 和 y_t 满足公式 $6-2$ 和公式 $6-3$ 的条件，系统状态噪声 u_t 和系统观测噪声 v_t 满足上述假设条件，Q_t 是系统状态噪声非负定方差矩阵，R_t 是观测噪声正定方差矩阵；t 时点的观测值为 y_t，对状态量的先验估计值为 $\hat{x}_t^-$，测量值 y_t 对状态量的后验估计值为 $\hat{x}_t$，则先验误差及后验误差可以定义为：

$$e_t^- = x_t - \hat{x}_t^- \qquad \text{公式 } 6-4$$

$$e_t = x_t - \hat{x}_t \qquad \text{公式 } 6-5$$

推及先验误差和后验误差的协方差分别表示为：

$$P_t^- = E\left[e_t^- e_t^{-T}\right] \qquad \text{公式 } 6-6$$

$$P_t = E\left[e_t e_t^T\right] \qquad \text{公式 } 6-7$$

将后验估计值 $\hat{x}_t$ 用先验估计值 $\hat{x}_t^-$ 和测量值 y_t 表示，以得到 Kalman 滤波的计算方程：

$$\hat{x}_t = \hat{x}_t^- + K(y_t - H_t \hat{x}_t^-)$$ 公式 6 - 8

其中，K 被称为 Kalman 增益或 Kalman 系数，用来最小化均方误差估计的调整因子：

$$K_t = \frac{P_t^- H_t^T}{H_t P_t^- H_t^T + R_t}$$ 公式 6 - 9

由公式 6 - 9 可以看出，$\lim_{R_t \to 0} K_t = H_t^{-1}$，$\lim_{P_t^- \to 0} K_t = 0$。当 $R_t \to 0$，表示测量噪声很小，测量值 y_t 的可信度很高，则 $\hat{x}_t$ 的值就越接近于 y_t；反之，如果 $P_t^- \to 0$，表示先验估计值 $\hat{x}_t^-$ 的可信度很高，则 $\hat{x}_t$ 的值就越接近于 $\hat{x}_t^-$。可见，Kalman 增益在实际测量值和预测测量值之间起到调节权重的作用，以便于使得后验估计值 $\hat{x}_t$ 更接近于真实值。由此可得到状态更新方程和测量更新方程。

状态更新方程：由前一状态得出当前时点状态估计值

$$\hat{x}_t = A_t \hat{x}_{t-1} + u_t$$ 公式 6 - 10

计算当前时点状态协方差的估计值

$$P_t^- = A_t P_{t-1} A_t^T + Q_t$$ 公式 6 - 11

测量更新方程：计算 Kalman 增益

$$K_t = \frac{P_t^- H_t^T}{H_t P_t^- H_t^T + R_t}$$ 公式 6 - 12

通过测量 y_t 更新状态估计值

$$\hat{x}_t = \hat{x}_t^- + K(y_t - H_t \hat{x}_t^-)$$ 公式 6 - 13

更新误差协方差：

$$P_t = (I - K_t H_t) P_t^-$$ 公式 6 - 14

二者之间的关系，如图 6 - 1 所示。

由上述公式和图 6 - 1 可知，在状态更新方程中，利用前一个时点获取的估计值以及误差的协方差能够估计当前时点的状态量，得到一个先验估计值；在测量更新方程中，将获取的先验估计值与测量值相结合，得到一个改进的后验估计值，并以此作为对状态更新方程的输入，继续下一个时

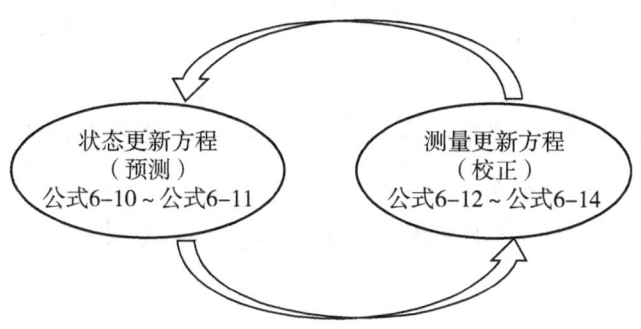

图6-1 状态更新方程与测量更新方程之间的关系图

点的估计；从而形成一个不断循环进行"预测—校正"的递归过程。

（3）Kalman滤波的特点

Kalman滤波的反馈递推算法中，Kalman增益起着主要作用。该算法的主要特点有：①Kalman滤波适用于状态时时变化的情况以及多输入多输出系统，适用条件比较宽泛；②算法具有递归推算的特征，且不需要保留历史数据；③误差的协方差是联系前后两时点状态量的纽带；④在符合高斯白噪声条件下，状态估计是最优且无偏的最小方差估计；⑤修正后的滤波算法可以更加广泛地用于非线性系统的估计。

6.2.2 质押融资风险预警空间状态模型的建立

在上述滤波理论的基础上建立知识产权质押融资风险动态预警模型如下：

X_t是由x_t构成的随机变量，表示一个融资公司在t期的财务状况；Y_t是由y_t构成的N维随机向量，表示一个融资公司在t期的财务比率，由于公司的原始数据首先需要进行全局主成分处理，因而本部分的Y_t实际是全局主成分处理所得的主成分而非原始数据。假设x_t不能被观测，但可以通过y_t估计获取，二者之间的关系：

观测方程： $$y_t = H_t x_t + v \qquad\qquad 公式6-15$$

状态方程： $$x_t = A_t x_{t-1} + B_t u \qquad\qquad 公式6-16$$

其中：H_t，A_t和B_t是依据数据能被估计的参数向量；v服从N（0，R_t），R_t是协方差矩阵。H_t和R_t可以是与时间无关的向量。y_t，H_t和R_t是t

时点维数为 N 维（全局主成分的个数）1 列的向量。u 服从 $N(0, Q_t)$，Q_t 是方差。

之后，建立 k 阶预测 $p(x_{1+k} \mid \xi_t)$，其中 ξ 是滤波，y_t 是样本公司原始数据经全局主成分处理后的主成分，并有 $\tau = 1, 2, 3, \cdots, t$ 和 $k = 1, 2, 3, \cdots$。其中，$x_{1+k} \mid \xi_t$ 服从正态分布，均值和方差分别为：

$$Mean = \hat{x}_{t+k \mid t} = \prod_{i=1}^{k} A_{t+1+k-i} \, \hat{x}_t \qquad \text{公式 6-17}$$

$$Variance = P_{t+k \mid t} = \prod_{i=1}^{k} A_{t+1+k-i} \, P_t \, \prod_{i=1}^{k} A_{t+1+k-i}^{T} + B_{t+k} \, R_{t+k} \, B_{t+k}^{T}$$

$$+ \sum_{i=2}^{k} \prod_{j=1}^{i-1} A_{t+1+k-j} \, B_{t+1+k-i} \, R_{t+1+k-i} \, B_{t+1+k-i}^{T} \, \prod_{j=1}^{i-1} T_{t+1+k-j}^{T} \qquad \text{公式 6-18}$$

其中，公式 6-18 中上角标 T 表示转秩；P 是 $x_t \mid \xi_t$ 的方差。

假设 A_t，B_t 和 R_t 与时间无关，则有 $A_t = A$，$B_t = B$ 和 $R_t = R$，上述均值和方差可以转化为：

$$Mean = \hat{x}_{t+k \mid t} = A^k \, \hat{x}_t \qquad \text{公式 6-19}$$

$$Variance = P_{t+1 \mid t} = A^k \, \hat{x}_t \, P_t \, (A^k)^T + \sum_{i=2}^{k} A^{i-1} \, BRB \, (A^{i-1})^T \qquad \text{公式 6-20}$$

当存在观测值 y_{t+1} 时则需要进行更新。$x_{t+1} \mid \xi_{t+1}$ 同样也符合正态分布：

$$Mean = \hat{x}_{t+1} = A_{t+1} \, \hat{x}_t + P_{t+1 \mid t} \, H_{t+1}^{T} \, F_{t+1}^{-1} (y_{t+1} - H_{t+1} \, A_{t+1} \, \hat{x}_t) \qquad \text{公式 6-21}$$

$$Variance = P_{t+1} = P_{t+1 \mid t} - P_{t+1 \mid t} \, H_{t+1}^{T} \, F_{t+1}^{-1} \, H_{t+1} \, P_{t+1 \mid t}^{T} \qquad \text{公式 6-22}$$

公式中：$P_{t+1 \mid t} = A_{t+1} \, P_t \, A_{t+1}^{T} + B_{t+1} \, R_{t+1}^{T} \, B_{t+1}^{T}$，$F_{t+1} = H_{t+1} \, P_{t+1 \mid t} \, H_{t+1}^{T} + Q_{t+1}$。

假设状态更新方程和测量更新方程均与时间无关，且能够确认 $\hat{x}_0$ 和 P_0 是在 $t = 0$ 时刻 $x_0 \mid \xi = y_0$ 对均值和方差的最佳估计值，则我们能够递推得到 $\hat{x}_t$ 和 P_t。当 $t = 1$ 时点，存在：

$$\hat{x}_1 = A \, \hat{x}_0 + (A P_0 A + BQB) \, H^T \left[H(A P_0 A + BRB) \, H^T + Q \right]^{-1} (y_1 - HA \, \hat{x}_0)$$

$$\text{公式 6-23}$$

$$P_1 = A P_0 A + BRB - (A P_0 A + BRB) \, H^T \times$$

$$\left[H(A P_0 A + BRB) \, H^T + Q \right]^{-1} H(A P_0 A + BRB) \qquad \text{公式 6-24}$$

依此类推，我们可以从$\hat{x}_1$和P_1中得到$\hat{x}_2$和P_2，$\hat{x}_3$和P_3，直到$\hat{x}_n$和P_n。

6.2.3　预警空间状态模型参数的计算

状态空间模型建立之后，需要利用历史数据对模型中的参数H_t，A_t，B_t，v，u，R_t，Q_t进行估计，最常用的参数估计方法是极大似然估计法，本书也采用该种方法对状态空间的系统性能进行分析。极大似然估计是一种以大样本为基础的参数估计方法，具有一致性、趋同有效性和趋同整体性等特点。

对给定的数据集$\{r_t,\ i=1,\ L,\ N\}$，已知转移密度$p\ (t_2,\ r_{t2};\ t_1,\ r_{t1}\mid\theta)$，假设过程具有马尔可夫性，密度依赖参数$\theta$，若$\{r_t,\ i=1,\ L,\ N\}$的转移密度为$p\ (t_{i+1},\ r_{t_{i+1}};\ t_1,\ r_{t1}\mid\theta)$，则联合密度为：

$$p(r_{t1},L,r_{tN}\mid\theta)=p(r_{t1}\mid\theta)\prod_{i=1}^{N-1}p(t_i+1,r_{ti};r_i\mid\theta)\quad\text{公式 6 - 25}$$

其中，p_0是r_{t_1}的先验密度。则似然函数为：

$$L(\theta)=\prod_{i=1}^{N-1}p(t_{i+1},r_{t_{i+1}};t_i,r_{t_i}\mid\theta)\quad\text{公式 6 - 26}$$

参数θ的极大似然估计：

$$\hat{\theta}=argma\ x_\theta L(\theta)\quad\text{公式 6 - 27}$$

参数的极大似然估计可通过极大似然函数求偏导或极大似然函数取对数后求偏导得到。

结合本研究，假定已知过程的一阶条件矩阵和二阶条件矩阵，对已知函数f_1和f_2存在：

$$E[r(s)\mid r(t)]=f_1[r(t),r(s),s-t]\quad\text{公式 6 - 28}$$

$$var[r(s)\mid r(t)]=f_2[r(t),r(s),s-t]\quad\text{公式 6 - 29}$$

假定$r_{t+\Delta t}$服从均值为$f_1\ [r\ (t),\ r\ (s),\ s-t]$，方差为$f_2\ [r\ (t),\ r\ (s),\ s-t]$的正态分布，参数估计$\hat{\theta}$可通过极大化拟似然函数得到：

$$RT=-\frac{N-1}{2}\ln2\pi-\frac{1}{2}\sum_{i=1}^{N-1}\ln f_2(r_{t_{i+1}},r_{t_i},\Delta t)-\frac{1}{2}\sum_{i=1}^{N-1}\ln\frac{[r_{t_{i+1}}-f_1(r_{t_{i+1}},r_{t_i},\Delta t)]^2}{f_2(r_{t_{i+1}},r_{t_i},\Delta t)}$$

公式 6 - 30

正态近似方法由于使用真正的矩函数，因而优于拟似然法。该方法假定 t 足够小，从而 $r_{t+?t} \sim N(f_1, f_2)$。

设 G 是观测值 y 的最后一期，其中 $y_{t+1} \mid \xi_t$ 与 $\xi_t = y_{t+1} - \hat{y}_{t+1 \mid t} \mid \xi$ 相等，后者服从正态分布，均值为 0，方差为 $F_{t+1} = H_{t+1} P_{t+1 \mid t} H_{t+1}^T + Q_{t+1}$。

且存在：$1 = -\dfrac{NG}{2}\log(2\pi) - \dfrac{1}{2}\sum_{t=1}^{G}\log|F_t| - \dfrac{1}{2}\sum_{t=1}^{G} e_t^T F e^t$

其中，$\hat{y}_{t+1 \mid t} = H_{t+1} A_{t+1} \hat{x}_t$ 成立。

由于在融资风险研究样本中，我们知道在每一期公司的融资风险程度，因而能够部分地观测到 x，将其放到似然方程中能够提高方程的准确率。依据每一期数据中知道公司发生的融资风险程度，其融资风险危机的概率为：

$$P(X_t > B_s) = \int_B^\infty p(x_t \mid \xi_t)\mathrm{d}\,x_t \qquad\qquad \text{公式 } 6-31$$

其中，$p(x_t \mid \xi_t) = \dfrac{1}{P_t\sqrt{2\pi}} e^{-\frac{1}{2}\left(\frac{x_t - \hat{x}_t}{P_t}\right)}$，$B_s$ 是临界值，$\hat{x}_t$ 和 P_t 由前述方程得到。

修订后的似然方程为：

$$1 = -\frac{NG}{2}\log(2\pi) - \frac{1}{2}\sum_{t=1}^{G}\log|F_t| - \frac{1}{2}\sum_{t=1}^{G} e_t^T F e^t +$$

$$\sum_{t=1}^{G}\left\{\log[P(X_t > B_s)]\right\}\delta_t + \log[P(X_t < B_s)] \qquad \text{公式 } 6-32$$

根据已知数据和上述方程，应用 MATLAB 编写的程序，具体见附录 2，即可得到最合适的参数集。

6.3　融资风险动态预警评价指标体系的构建及样本的选择

6.3.1　评价指标体系的构建

根据知识产权质押风险影响因素以及知识产权质押风险评价指标体

系，结合动态预警，针对银行等金融机构放贷后对融资企业偿还贷款的风险进行监控，知识产权质押贷款期限一般为 3 年左右，评价指标体系中非财务信息的影响将会集中通过企业的财务指标体现。财务指标包含企业的很多信息，可以用来预测企业的经营状况[128]，而财务危机的公司和财务健康的公司在财务指标上有明显的差异[129]。在公司财务危机开始恶化之前，财务指标无疑是表征财务危机的首选指标[130]，不管直接还是间接通过财务报告计算的财务指标都可以有效进行财务风险研究[131]。因此本部分预警评价指标体系是由评价指标体系（表 5 - 1）中的财务指标构成，具体见表 6 - 1。

表 6 - 1　知识产权质押融资风险动态预警评价指标体系

类型	编号	指标名称	计算公式
偿债能力状况	X_1	流动比率	流动资产/流动负债
	X_2	速动比率	速动资产/流动负债
	X_3	资产负债率	负债总额/资产总额
	X_4	现金比率	（现金＋交易性金融资产）/年末流动负债
	X_5	现金到期债务比率	经营现金净流量/本期到期债务
现金流量	X_6	营业收入销售现金比率	销售商品提供劳务收到现金/营业收入
	X_7	营业收入经营净现金比率	经营活动产生现金流量净额/营业收入
	X_8	现金营运指数	经营现金净流量/经营所得现金
盈利能力状况	X_9	净资产收益率	营业利润/所有者权益合计
	X_{10}	总资产报酬率	利润/总资产
	X_{11}	资产净利率	净利润/总资产
	X_{12}	销售净利率	净利润/主营业务收入净额
营运能力状况	X_{13}	存货周转率	营业成本/存货平均余额
	X_{14}	应收账款周转率	主营业务收入/应收账款平均余额
	X_{15}	资产周转率	主营业务收入/资产平均余额

续表

类型	编号	指标名称	计算公式
成长能力状况	X_{16}	净利润增长率	本期税后利润/上期税后利润 - 1
	X_{17}	营业收入增长率	本期营业收入/上期营业收入 - 1
	X_{18}	净资产增长率（%）	本期净资产/前一期净资产 - 1
创新能力指标	X_{19}	留存收益总资产比率	留存收益/总资产
	X_{20}	研发支出占收入比	研发支出/销售收入总额
	X_{21}	高学历人员工占员工总数比	本期本科以上学历员工数/员工数

6.3.2　样本公司的选择

（1）选择依据

选择样本时应从两个方面进行考虑：

第一，样本的性质特征。知识产权质押融资主要为缓解中小企业融资困难，尤其是科技型中小企业融资困难而创新的融资渠道。由于在放贷前银行等金融机构会进行严格的筛选，条件比较苛刻，截至目前实务中知识产权质押融资的企业均没有发生违约现象。但随着知识产权强国战略和知识产权运营战略的推进，知识产权质押融资业务必将逐步推广，有可能会出现不能偿还的企业。因此本书以科技型中小企业为研究对象。但不包括ST企业、申请破产以及企业清算的中小企业。

第二，样本数据的客观性、可靠性和可获得性。样本所需要的数据做到客观、真实、可靠；数据的取得通过公开渠道获得，以便接受验证。

（2）样本选择及其结果

根据我们从国家知识产权局网站获得的知识产权质押融资企业多为科技型中小企业的特点，本书依据样本选取原则，从 Wind 数据库中选取中小企业板块上市公司为研究对象，其中剔除：①ST、*ST 公司，此类公司的债务偿还能力不具有代表性，财务数据异常；②金融保险类公司；③数据披露不完整的公司。结合 Kalman 滤波方法的要求，以净利润和营业净现金流量两个指标作为划分融资企业风险等级的衡量指标，共选取样本数量

88 家，公司名称和股票代码见表 6 - 2 和表 6 - 3。由于知识产权质押融资时间一般在 3 年左右，而 Kalman 滤波模型的数据间隔时间越短，滤波效果越好，实证时应以季报和半年报数据为宜，但大多数公司季度报告中数据严重缺失，因此，本研究以 2013—2016 年的半年报和年报的财务数据为研究样本。样本数据主要来源于 Wind 数据库，个别指标经查找上市公司财务报告的数据经手工计算整理取得。

表 6 - 2　融资风险重度和轻度样本公司的股票代码和股票名称

股票代码	股票名称	股票代码	股票名称
002306	中科云网	002150	通润装备
002529	海源机械	002263	大东南
002454	松芝股份	002193	山东如意
002015	霞客环保	002209	达意隆
002432	九安医疗	002066	瑞泰科技
002591	恒大高新	002158	汉钟精机
002312	三泰控股	002314	南山控股
002305	南国置业	002125	湘潭电化
002248	华东数控	002295	精艺股份
002072	凯瑞德	002341	新纶科技
002147	新光圆成	002656	摩登大道
002686	亿利达	002528	英飞拓
002577	雷柏科技	002490	山东墨龙
002188	巴士在线	002617	露笑科技
002473	圣莱达	002571	德力股份
002260	德奥通航	002457	青龙管业
002596	海南瑞泽	002191	劲嘉股份
002392	北京利尔	002316	键桥通讯
002417	三元达	002240	威华股份
002535	林州重机	002115	三维通信
002207	准油股份	002154	报喜鸟
002600	江粉磁材	002568	百润股份

表 6 – 3　融资风险健康样本公司的股票代码和股票名称

股票代码	股票名称	股票代码	股票名称
002475	立讯精密	002139	拓邦股份
002450	康得新	002250	联化科技
002599	盛通股份	002014	永新股份
002472	双环传动	002607	亚夏汽车
002573	清新环境	002153	石基信息
002084	海鸥卫浴	002024	苏宁云商
002098	浔兴股份	002185	华天科技
002283	天润曲轴	002034	美欣达
002206	海利得	002219	恒康医疗
002262	恩华药业	002223	鱼跃医疗
002241	歌尔股份	002267	陕天然气
002264	新华都	002317	众生药业
002078	太阳纸业	002328	新朋股份
002522	浙江众成	002394	联发股份
002444	巨星科技	002405	四维图新
002422	科伦药业	002461	珠江啤酒
002114	罗平锌电	002602	世纪华通
002156	通富微电	002625	龙生股份
002029	七匹狼	002631	德尔未来
002020	京新药业	002653	海思科
002592	八菱科技	002681	奋达科技
002085	万丰奥威	002690	美亚光电

6.4　质押融资风险预警动态数据分析与处理

6.4.1　动态数据的描述性统计分析

前期学者运用 Kalman 滤波对财务危机预警的实证研究结果认为财务风

险是一个累积过程，一般风险的初现和累积相关时间为 T－1 年至 T－6 年。由于本书研究的是知识产权质押融资后偿还贷款的风险，融资企业经过各项风险评价指标严格筛选，贷款时间相对比较短，财务风险也不可能达到被 ST 的严重程度。同时，科技型中小企业样本时间序列数据长度受到限制，因此，选择 T－1 期至 T－6 期间隔半年报的动态数据进行时间序列分析，选择样本时保证了数据的完整性，剔除了异常数据，但仍不能排除存在偏离期望值的过高的异常数据。因此首先采用统计判别法对时序数据噪声进行处理，剔除偏离均值超过三倍标准差的财务指标行；其次分析每个备选指标的前五个最大值和最小值，剔除在数量级方面高度异常的财务指标行，这样得到高质量的动态数据。分别对 T－1 期至 T－6 期的数据进行时间序列数据的描述性统计，T－1 期描述性统计结果见表 6－4，T－2 期至 T－6 期的描述性统计结果见附录 1 中的附表 1 至附表 5。

表 6－4　T－1 期备选财务指标的描述性统计

财务指标	均值	标准差	极大值	极小值
X_1	2.390128	2.4543869	19.5501	0.5935
X_2	1.876475	1.9092958	13.3909	0.2372
X_3	0.379758	0.1885272	0.9623	0.0347
X_4	0.892116	1.0893362	6.4851	0.0026
X_5	0.446033	2.5558680	22.8269	－2.1317
X_6	1.010486	0.2428276	2.0009	0.4408
X_7	－0.041032	0.2919535	0.3859	－1.6504
X_8	0.196248	3.8087505	15.4142	－17.3482
X_9	0.010981	0.1431421	0.3707	－1.1878
X_{10}	0.020375	0.0356180	0.0915	－0.0973
X_{11}	0.013506	0.0320315	0.0773	－0.0918
X_{12}	0.104892	0.7600586	6.9600	－0.8625
X_{13}	5.721070	16.539096	104.8551	0.0139
X_{14}	3.012451	6.7931614	57.2755	0.0576
X_{15}	0.271236	0.1960128	1.2797	0.0077

续表

财务指标	均值	标准差	极大值	极小值
X_{16}	0. 141105	3. 7247576	23. 1933	− 9. 5751
X_{17}	0. 126977	0. 5329106	3. 5078	− 0. 9007
X_{18}	0. 435227	1. 0268214	6. 2015	− 0. 4531
X_{19}	0. 021986	0. 9345360	0. 4397	− 7. 7954
X_{20}	0. 047725	0. 0637419	0. 4984	0. 0006
X_{21}	0. 189716	0. 1417844	0. 5726	0. 0000

由 T − 1 至 T − 6 期的描述性统计结果可知，流动比率 X_1、速动比率 X_2、现金到期债务比 X_5、现金营运指数 X_8、存货周转率 X_{13}、应收账款周转率 X_{14} 和净利润增长率 X_{16} 等财务指标在不同样本间取值差别或波动较大，究其原因有二：一是因为部分财务指标本身具有较大的取值范围；二是说明上市公司财务状况差异较大，且体现在与公司的短期偿债指标、现金指标和净利润指标相关。

6.4.2　动态数据的全局主成分分析

Kalman 滤波方法的基本假设条件，输入的噪声和观测值需要满足正态分布的要求，因此需要对动态系统数据进行标准正态分布转化处理，即该样本数据的总体特征与 Kalman 滤波的数据特征是一致的：均值等于 0，方差等于 1。数据标准化通过 MATLAB 命令实现，因为数据量过大，所以以简表的形式列示，部分结果见表 6 − 5。

本研究使用的数据有 88 家 7 期 616 组多维时序立体数据，为迅速提取出立体数据表中的重要信息，探析系统的动态规律，本章通过使用全局主成分分析法降低指标维度，将多个相关性较强的财务指标用少数几个相互独立的综合指标来代替，即用较少的指标代替原来的多个指标来综合反映原来大部分的信息。本章应用统计软件 SPSS20. 0 对上述三维立体数据表进行全局主成分分析。由于该软件在做主成分时会自动将数据处理为服从标准正态分布，因此，数据的标准正态化处理不再单独赘述。全局主成分分析的协方差矩阵、总方差解释和系数矩阵具体见表 6 − 6、表 6 − 7 和表 6 − 8。

表 6-5　数据标准化结果

数据时点	X_1	X_2	X_3	X_4	X_5	X_6	X_7	X_8	X_9	X_{10}	...	X_{21}
002014-1	0.07118	0.05865	0.07803	0.04333	0.78330	0.34119	0.85848	0.75812	0.85121	0.62418	...	0.14197
002014-2	0.07170	0.05608	0.07406	0.04140	0.78062	0.38683	0.84983	0.75519	0.82740	0.57267	...	0.13382
002014-3	0.06587	0.05202	0.07851	0.03595	0.78393	0.39606	0.86900	0.76366	0.84495	0.61158	...	0.13382
002014-4	0.07185	0.05667	0.06905	0.03280	0.78015	0.34752	0.84397	0.75229	0.82939	0.57852	...	0.13382
002014-5	0.06073	0.05064	0.08196	0.03928	0.78548	0.35946	0.87592	0.76446	0.84841	0.62220	...	0.13382
002014-6	0.06812	0.05720	0.07099	0.03904	0.78333	0.39852	0.86940	0.76147	0.83017	0.58160	...	0.13285
002014-7	0.06057	0.04977	0.08805	0.03754	0.78601	0.36247	0.87815	0.76400	0.85089	0.62719	...	0.13285
002015-1	0.01075	0.00597	0.34868	0.00874	0.77914	0.27690	0.80448	0.76871	0.62509	0.45682	...	0.02655
002015-2	0.00648	0.00246	0.37788	0.00412	0.77948	0.70218	0.81228	0.75690	0.60949	0.47166	...	0.02433
002015-3	0.00000	0.00000	1.00000	0.00029	0.77767	0.09646	0.75770	0.75772	0.81527	0.00000	...	0.02433
002015-4	0.03042	0.02728	0.20399	0.02686	0.77821	0.22448	0.77731	0.74805	0.82186	0.71882	...	0.02433
002015-5	0.18741	0.12657	0.02435	0.12269	0.75546	0.38880	0.78954	0.74291	0.82288	0.75407	...	0.02433
002015-6	0.40305	0.27999	0.00627	0.15089	0.77829	0.10483	0.76172	0.86987	0.79797	0.50274	...	0.04453
002015-7	0.21470	0.10828	0.01916	0.06136	0.00000	0.27159	0.80632	0.77891	0.77274	0.44297	...	0.06375
002020-1	0.02085	0.01448	0.15274	0.01144	0.78130	0.42811	0.86934	0.76371	0.83840	0.59094	...	0.26411
002020-2	0.04589	0.03990	0.10303	0.03587	0.78152	0.46244	0.88241	0.76609	0.83042	0.57739	...	0.29440
002020-3	0.03462	0.02993	0.12753	0.01562	0.78201	0.47333	0.88420	0.77004	0.84322	0.60025	...	0.29440
002020-4	0.04162	0.03519	0.10632	0.01941	0.78078	0.48231	0.86072	0.75694	0.83374	0.58457	...	0.34258
...	...	...	...	...	...	...	...	...	...	...	...	...
002690-6	0.21638	0.20211	0.03806	0.06728	0.78375	0.47272	0.86656	0.75557	0.83282	0.59197	...	0.52555
002690-7	0.17237	0.16232	0.04568	0.05273	0.80436	0.51420	0.93599	0.76770	0.86153	0.66686	...	0.52930

表6-6　全局主成分分析的协方差矩阵

	X_1	X_2	X_3	X_4	X_5	X_6	X_7	X_8	X_9	X_{10}	X_{11}	X_{12}	X_{13}	X_{14}	X_{15}	X_{16}	X_{17}	X_{18}	X_{19}	X_{20}	X_{21}
X_1	1.000	0.987	-0.465	0.919	-0.020	-0.019	0.047	0.008	0.071	0.082	0.127	0.104	-0.072	-0.051	-0.095	-0.014	0.022	0.011	-0.019	0.215	0.208
X_2	0.987	1.000	-0.442	0.943	0.034	-0.013	0.094	0.027	0.077	0.097	0.139	0.117	-0.066	-0.039	-0.096	-0.012	0.022	0.013	0.006	0.224	0.206
X_3	-0.465	-0.442	1.000	-0.331	-0.035	0.104	-0.216	-0.045	-0.298	-0.392	-0.481	-0.180	0.219	0.072	0.109	-0.111	-0.204	-0.224	-0.332	-0.253	-0.057
X_4	0.919	0.943	-0.331	1.000	0.042	0.009	0.117	0.027	0.069	0.093	0.129	0.104	-0.038	-0.019	-0.069	0.026	0.012	0.024	0.008	0.212	0.168
X_5	-0.020	0.034	-0.035	0.042	1.000	0.047	0.106	0.022	0.089	0.159	0.159	0.055	-0.004	-0.049	-0.033	0.021	0.041	0.029	0.238	0.063	0.053
X_6	-0.019	-0.013	0.104	0.009	0.047	1.000	0.042	0.056	-0.038	-0.018	-0.027	0.128	0.100	0.065	0.070	0.005	-0.141	-0.015	0.012	-0.050	0.137
X_7	0.047	0.094	-0.216	0.117	0.106	0.042	1.000	0.181	0.201	0.298	0.285	0.045	-0.013	0.050	0.141	0.094	0.163	-0.079	0.168	0.040	-0.166
X_8	0.008	0.027	-0.045	0.027	0.022	0.056	0.181	1.000	0.040	0.071	0.060	0.035	0.021	0.050	0.050	0.119	0.014	-0.007	-0.037	-0.035	-0.081
X_9	0.071	0.077	-0.298	0.069	0.089	-0.038	0.201	0.040	1.000	0.719	0.725	0.466	-0.077	0.001	0.150	0.200	0.301	0.152	0.320	0.033	0.101
X_{10}	0.082	0.097	-0.392	0.093	0.159	-0.018	0.298	0.071	0.719	1.000	0.985	0.461	-0.063	0.042	0.245	0.244	0.367	0.241	0.336	-0.022	0.080
X_{11}	0.127	0.139	-0.481	0.129	0.159	-0.027	0.285	0.060	0.725	0.985	1.000	0.475	-0.075	0.028	0.189	0.254	0.354	0.260	0.361	0.056	0.099
X_{12}	0.104	0.117	-0.180	0.104	0.055	0.128	0.045	0.035	0.466	0.461	0.475	1.000	-0.019	0.029	0.021	0.197	0.117	0.118	0.135	-0.008	0.038
X_{13}	-0.072	-0.066	0.219	-0.038	-0.004	0.100	-0.013	0.021	-0.077	-0.063	-0.075	-0.019	1.000	0.029	0.431	-0.020	-0.015	-0.073	-0.045	-0.081	0.000
X_{14}	-0.051	-0.039	0.072	-0.019	-0.049	0.065	0.050	0.050	0.001	0.042	0.028	0.029	0.029	1.000	0.302	0.038	0.030	0.104	-0.096	-0.068	0.049
X_{15}	-0.095	-0.096	0.109	-0.069	-0.033	0.070	0.141	0.050	0.150	0.245	0.189	0.021	0.431	0.302	1.000	0.081	0.145	-0.027	-0.012	-0.151	-0.094
X_{16}	-0.014	-0.012	-0.111	0.026	0.021	0.005	0.094	0.119	0.200	0.244	0.254	0.197	-0.020	0.038	0.081	1.000	0.202	0.181	0.085	-0.054	-0.018
X_{17}	0.022	0.022	-0.204	0.012	0.041	-0.141	0.163	0.014	0.301	0.367	0.354	0.117	-0.015	0.030	0.145	0.202	1.000	0.316	0.198	0.006	0.158
X_{18}	0.011	0.013	-0.224	0.024	0.029	-0.015	-0.079	-0.007	0.152	0.241	0.260	0.118	-0.073	0.104	-0.027	0.181	0.316	1.000	0.098	-0.014	0.010
X_{19}	-0.019	0.006	-0.332	0.008	0.238	0.012	0.168	-0.037	0.320	0.336	0.361	0.135	-0.045	-0.096	-0.012	0.085	0.198	0.098	1.000	0.056	0.109
X_{20}	0.215	0.224	-0.253	0.212	0.063	-0.050	0.040	-0.035	0.033	-0.022	0.056	-0.008	-0.081	-0.068	-0.151	-0.054	0.006	-0.014	0.056	1.000	0.306
X_{21}	0.208	0.206	-0.057	0.168	0.053	0.137	-0.166	-0.081	0.101	0.080	0.099	0.038	0.000	0.049	-0.094	-0.018	0.158	0.010	0.109	0.306	1.000

表6-7　全局主成分分析的解释的总方差

成份	初始特征值			提取平方和载入			旋转平方和载入		
	合计	方差 (%)	累积 (%)	合计	方差 (%)	累积 (%)	合计	方差 (%)	累积 (%)
1	4.221	20.102	20.102	4.221	20.102	20.102	3.112	14.819	14.819
2	2.996	14.268	34.370	2.996	14.268	34.370	3.097	14.748	29.567
3	1.693	8.063	42.433	1.693	8.063	42.433	1.365	6.499	36.066
4	1.340	6.380	48.813	1.340	6.380	48.813	1.124	5.351	41.417
5	1.304	6.208	55.021	1.304	6.208	55.021	1.097	5.223	46.640
6	1.162	5.534	60.555	1.162	5.534	60.555	1.066	5.076	51.716
7	1.045	4.976	65.532	1.045	4.976	65.532	1.054	5.017	56.733
8	0.998	4.753	70.285	0.998	4.753	70.285	1.034	4.923	61.655
9	0.891	4.244	74.529	0.891	4.244	74.529	1.019	4.854	66.509
10	0.848	4.039	78.568	0.848	4.039	78.568	1.015	4.834	71.343
11	0.819	3.902	82.470	0.819	3.902	82.470	1.011	4.813	76.156
12	0.754	3.593	86.062	0.754	3.593	86.062	0.999	4.756	80.912
13	0.708	3.372	89.434	0.708	3.372	89.434	0.998	4.752	85.665
14	0.572	2.722	92.156	0.572	2.722	92.156	0.964	4.589	90.254
15	0.477	2.274	94.430	0.477	2.274	94.430	0.877	4.176	94.430
16	0.442	2.105	96.535						
17	0.348	1.655	98.190						
18	0.302	1.436	99.626						
19	0.063	0.299	99.925						
20	0.008	0.040	99.965						
21	0.007	0.035	100.000						

表6-8　全局主成分的系数矩阵

	成分														
	1	2	3	4	5	6	7	8	9	10	11	12	13	14	15
X_1	0.530	-0.798	0.193	0.012	-0.094	-0.051	-0.067	0.059	-0.035	-0.025	-0.007	-0.054	-0.027	-0.011	-0.033
X_2	0.546	-0.791	0.206	-0.014	-0.060	-0.035	-0.045	0.087	-0.048	-0.015	0.022	-0.057	-0.009	0.015	-0.003
X_3	-0.676	0.198	0.216	0.166	0.131	-0.137	-0.075	0.040	-0.010	0.047	0.260	-0.245	0.155	0.070	0.139
X_4	0.515	-0.755	0.251	-0.013	-0.054	-0.040	-0.035	0.131	-0.040	0.026	0.047	-0.060	0.012	0.024	0.038
X_5	0.186	0.086	-0.127	-0.147	0.481	0.188	0.089	0.529	-0.301	-0.011	0.482	0.047	0.134	-0.043	-0.085
X_6	-0.032	0.022	0.271	0.164	0.497	-0.391	0.419	0.200	0.102	0.049	-0.428	-0.037	0.160	-0.123	-0.169
X_7	0.339	0.141	0.227	-0.563	0.065	0.274	0.192	-0.040	0.064	0.349	-0.192	-0.093	0.314	0.114	0.267
X_8	0.078	0.063	0.303	-0.410	0.037	0.037	0.434	-0.128	0.378	-0.539	0.249	-0.048	-0.154	0.009	0.016
X_9	0.700	0.381	-0.033	0.015	0.072	-0.155	-0.146	-0.223	-0.050	-0.016	0.072	-0.052	0.001	-0.048	0.048
X_{10}	0.808	0.446	0.043	-0.021	0.025	-0.078	-0.078	-0.116	-0.100	-0.029	0.034	-0.026	0.056	-0.212	0.055
X_{11}	0.844	0.397	-0.003	-0.017	0.023	-0.081	-0.071	-0.112	-0.089	-0.030	0.014	0.021	0.026	-0.201	0.065
X_{12}	0.506	0.215	0.035	0.096	0.103	-0.571	-0.058	-0.078	0.045	-0.029	0.140	0.146	0.096	0.491	-0.063
X_{13}	-0.142	0.124	0.596	0.193	0.230	0.181	-0.435	0.194	0.208	-0.122	-0.068	0.245	0.009	0.108	0.257
X_{14}	-0.002	0.138	0.433	0.295	-0.176	0.153	0.505	-0.192	-0.457	0.177	0.096	0.064	-0.192	0.193	0.066
X_{15}	0.084	0.359	0.728	0.102	-0.006	0.241	-0.161	-0.053	-0.051	0.008	-0.018	0.088	-0.072	-0.148	-0.316
X_{16}	0.290	0.243	0.032	0.119	-0.260	-0.131	0.130	0.330	0.488	0.500	0.238	0.030	-0.276	-0.092	0.012
X_{17}	0.430	0.276	-0.069	0.257	-0.246	0.419	-0.025	0.099	0.200	-0.075	-0.035	-0.390	0.269	0.243	-0.258
X_{18}	0.301	0.177	-0.180	0.379	-0.408	0.069	0.269	0.364	-0.027	-0.311	-0.140	0.294	0.191	-0.050	0.192
X_{19}	0.425	0.227	-0.273	-0.121	0.337	0.238	-0.045	0.221	-0.068	-0.047	-0.313	-0.029	-0.495	0.240	0.005
X_{20}	0.196	-0.342	-0.258	0.142	0.305	0.344	0.109	-0.356	0.243	0.160	0.112	0.482	0.156	0.034	-0.123
X_{21}	0.215	-0.217	-0.125	0.612	0.430	0.154	0.108	-0.210	0.134	-0.031	0.075	-0.318	-0.090	-0.089	0.214

为获得保留大部分信息的同时又完全正交的主成分因子，以此得到最优的输入数据库，本研究提取了前 15 个全局主成分因子，累计贡献率达到了 94% 以上，效果较好。这些全局主成分因子均由原有 21 个财务指标的线性组合表示，根据系数矩阵可以列出各主成分的表达式。

$$F_n = \alpha_1 x_1 + \alpha_2 x_2 + \alpha_3 x_3 + \cdots + \alpha_{20} x_{20} + \alpha_{21} x_{21} \quad 公式\,6-33$$

其中，n 是提取的主成分个数（$n = 1, 2, 3, \cdots, 15$）；α 为附表 10 中各财务指标的系数；x 为标准化后的财务指标数值。

例如每家样本公司每期中 F_1 的值可以表示为：

$$F_1 = 0.53X_1 + 0.546X_2 - 0.676X_3 + 0.515X_4 + 0.186X_5 - 0.032X_6 + 0.339X_7 +$$
$$0.078X_8 + 0.7X_9 + 0.808X_{10} + 0.844X_{11} + 0.506X_{12} - 0.142X_{13} - 0.002X_{14} +$$
$$0.084X_{15} + 0.29X_{16} + 0.43X_{17} + 0.301X_{18} + 0.425X_{19} + 0.196X_{20} + 0.215X_{21}$$

F 值表示样本公司中每家公司每期原来 21 个财务指标代表的财务状况由 15 个主成分的数值来表示，减少 6 个指标，但解释率可以达到 94%。由于篇幅所限，只列出 F_1 的具体表达式，其他各主成分因子的具体形式不再一一列举，结果数据表（$88 \times 7 \times 15$）保留在 MATLAB 中作为下一步滤波计算的基础。因为数据量过大，所以以简表的形式列示。部分结果见表 6-9。

6.5　基于 Kalman 滤波的质押融资风险预警

6.5.1　不同预警程度的划分

知识产权质押融资的风险虽然表现为公司财务状况由好到坏、由轻到重渐近的动态过程，但质押融资的风险程度不同于企业的财务风险程度。一般来说，财务风险最严重的程度是企业资不抵债，发生破产清算，而知识产权质押融资风险的最严重程度则是没有足够的现金偿还到期的融资款，但远远达不到破产清算的程度。因此，质押融资风险程度的衡量指标区别于一般企业财务危机预警指标，除了考虑企业实现净利润外，最重要

表6-9　主成分数据

数据时点	F_1	F_2	F_3	F_4	F_5	F_6	F_7	F_8	F_9	F_{10}	...	F_{15}
002014-1	4.251123	-4.37541	8.817151	2.77693	1.090136	1.747446	0.080422	1.562907	-1.60991	-0.16855	...	1.506748
002014-2	4.24986	-5.52704	4.904057	1.287161	0.449975	0.311261	0.118692	1.013114	-0.82826	-0.19543	...	0.524352
002014-3	3.812709	-3.76306	8.469329	2.440884	1.301546	1.740784	0.401346	1.479779	-1.52757	-0.37504	...	1.390825
002014-4	4.205082	-5.10505	4.963378	1.553399	0.255504	0.383441	0.031316	1.047278	-0.68803	0.068504	...	0.542466
002014-5	3.982231	-3.42847	8.483125	2.441123	1.373341	1.876527	0.673204	1.74878	-1.6396	-0.18161	...	1.373554
002014-6	4.463779	-5.11098	5.084604	1.110841	0.734963	0.538989	0.789541	1.304463	-1.12759	-0.19691	...	0.489682
002014-7	3.948016	-3.41255	8.160968	2.28466	1.483529	1.81806	0.670757	1.772073	-1.71345	-0.22654	...	1.286902
002015-1	-22.7089	2.317194	55.20634	14.06693	28.85742	20.80828	-40.8718	5.883192	1.619814	-27.2095	...	22.20796
002015-2	-9.86192	2.708902	28.27627	8.157709	12.84163	8.764087	-18.6604	5.700546	4.629116	-8.95204	...	10.95193
002015-3	-8.35755	0.655616	14.86033	4.25901	4.071583	3.302797	-5.68871	0.211739	0.922443	-1.41797	...	4.246097
002015-4	2.160369	-2.38824	3.671769	2.044552	-1.15668	-1.47138	1.00944	0.324936	-0.3014	0.954578	...	0.688557
002015-5	9.52375	-14.4654	12.17411	4.568918	-2.97191	-0.60304	-0.27475	1.465541	-1.45516	0.618666	...	1.910924
002015-6	19.05367	-29.9666	17.42687	-0.23152	-2.76209	-0.11845	0.197614	1.579128	1.338603	-5.60801	...	0.896031
002015-7	-37.2998	-32.273	49.07997	42.40235	-119.878	-42.1233	-11.3538	-130.065	61.62114	4.37328	...	21.933
002020-1	0.883788	0.25609	7.814384	2.653185	1.701831	1.653023	-0.90362	1.710153	0.757154	-0.27753	...	1.896104
002020-2	3.570333	-3.22043	5.059201	1.524194	0.565155	0.598781	0.362164	1.679772	0.348043	-0.46881	...	0.89601
002020-3	2.094351	-0.85949	8.064165	2.704597	1.408011	1.763772	-0.2805	1.885317	0.396276	-0.80582	...	1.895165
002020-4	2.66021	-2.63862	4.512245	1.518382	0.882446	0.395332	-0.09481	1.245087	0.206552	-0.06843	...	0.740826
...	...	...	...	...	...	...	...	...	...	...	...	...
002690-6	13.0832	-17.5413	6.414096	0.776875	-0.17288	-0.6313	-0.38829	2.645383	-1.33525	-0.40646	...	-0.10431
002690-7	11.87834	-12.5358	7.244256	0.407115	3.379887	1.47954	1.092238	5.413208	-3.37133	-0.57871	...	0.091742

的还要考虑企业具有充足的经营净现金流。本书对于知识产权质押融资企业融资风险程度的界定从最近会计分期（半年度）期间的审计结果显示的净利润和经营净现金流量两个角度考虑。具体预警程度的界定如下：

健康型企业：如果企业在考察期间的净利润和经营净现金流量均为正，且呈现递增趋势，则认定为健康型企业；88 家样本中共有健康型企业 44 家，其中 28 家作为预测样本，16 家作为检验样本。

轻度风险型企业：如果企业在考察期末经营净现金流量为负且 T−1 期和 T−2 期经营净现金流量为正，考察期间任意一期净利润为负，则认定为轻度风险型企业；88 家样本中共有轻度风险型企业 24 家，其中 16 家作为预测样本，8 家作为检验样本。

重度风险型企业：在样本数据中发现，在后期连续 3 期经营净现金流量为负的 75 家样本中，只有 11 家 2015 年年报的经营净现金流量为正，即如果企业在 T 期和 T−1 期连续 2 期经营净现金流量出现负值，则该企业的 T−2 期经营净现金流量出现负值的概率为 85%，说明企业的经营净现金流量的状况具有一定的持续性，因此本书将经营净现金流量连续 3 期（2016 年年报、中报和 2015 年年报）出现负值且净利润在这 3 期中任意 2 期出现负值，则认定为重度风险程度；88 家样本中符合条件的有 20 家企业，其中 12 家作为预测样本，8 家作为检验样本。

综上，知识产权质押融资风险预警研究 88 家样本共分为两组：第一组为预测样本组，由 56 家公司组成，包括 28 家融资风险为健康型公司和 28 家融资风险为风险型公司；第二组为检验样本组，由 32 家公司组成，包括 16 家融资风险为健康型公司和 16 家融资风险为风险型公司。预测样本作为训练集用来建立预警模型，检验样本作为检测集，验证预警模型的有效性。

6.5.2　预警阈值的确定

本研究采用统计分析法，根据预测样本的数据提取风险型公司的判断阈值。在置信概率 Alpha 为 95% 的前提条件下，置信系数为 1.6449，对风险型样本公司计算出状态的均值 Mean 为 0.056，标准差 std 为 0.016，则风险型样本公司发生危机的置信下限 down 为：

$$down = Mean - Alpha \times Standard\ Deviation$$

$$= 0.056 - 1.6449 \times 0.016 = 0.029$$

同理，在置信概率 Alpha 为 95% 的前提条件下，置信系数为 1.6449，对健康型样本计算出状态的均值 Mean 为 0.063，标准差 std 为 0.007，则健康型样本公司发生危机的置信上限 up 为：

$$up = Mean + Alpha \times Standard\ Deviation$$

$$= 0.063 + 1.6449 \times 0.007 = 0.0753$$

根据上述结果可知，置信下限为 0.029，置信上限为 0.0753。即当融资风险预测值小于置信下限 0.029 时，融资企业极有可能发生重度融资风险；融资风险预测值大于置信上限 0.0753 时，融资企业处于融资风险健康状态；当融资风险预测值处于 0.029 和 0.0753 二者之间时，融资企业极有可能处于轻度融资风险状态。

6.6　Kalman 滤波模型结果及其动态分析

6.6.1　检验样本的质押融资风险状态结果

根据 6.3.2 全局主成分分析，我们取得了 15 个主成分的因子载荷量，并且每个公司的财务状况指标均可通过公式 6 - 33 取得数据。同时，我们还可以通过公司各主成分的特征值 F（见表 6 - 9）与贡献率 β（见表 6 - 7）计算公司各期财务状况的综合指标，即各主成分的线性组合，具体计算公式如下：

$$Z = \beta_1 F_1 + \beta_2 F_2 + \beta_3 F_3 + \cdots + \beta_{14} F_{14} + \beta_{15} F_{15} \quad 公式 6 - 34$$

同样，我们可以根据上述公式得到一个能够综合反映检验样本各半年度财务状况的总指标 X_t，结果保留在表 6 - 10 中。

6.6.2　检验样本的质押融资风险预测结果

根据检验样本 32 家中小企业上市公司的财务数据构建的 Kalman 滤波

动态预警模型为：

$$Y_T = (1 \quad 1) X_T \qquad 公式 6-35$$

$$X_t = \begin{pmatrix} 1 & 0 \\ 0 & A \end{pmatrix} X_{t-1} + \begin{pmatrix} u_t \\ v_t \end{pmatrix}, \begin{pmatrix} u_t \\ v_t \end{pmatrix} \sim N(0, R) \qquad 公式 6-36$$

模型中参数 A 的估计值和协方差矩阵 R 在 32 家检验样本中随每期滤波情况不断递推更新，将 7 期的财务状况数据输入模型，得到各年的预测值，结果见表 6-10。

表 6-10 检验样本公司融资风险真实值与预测值比较

公司代码及名称 时 间 数值	002450 康得新		002098 浔兴股份		002206 海利得	
	真实值	预测值	真实值	预测值	真实值	预测值
2013. 12. 31	0.1049	0.1049	0.0691	0.0691	0.0820	0.0820
2014. 06. 30	0.0616	0.0940	0.0365	0.0609	0.0512	0.0743
2014. 12. 31	0.0930	0.0882	0.0653	0.0600	0.0862	0.0787
2015. 06. 30	0.0529	0.0597	0.0303	0.0369	0.0414	0.0510
2015. 12. 31	0.1014	0.0857	0.0684	0.0565	0.0796	0.0681
2016. 06. 30	0.0619	0.0700	0.0413	0.0467	0.0487	0.0546
2016. 12. 31	0.0932	0.0858	0.0856	0.0752	0.0853	0.0761

公司代码及名称 时 间 数值	002078 太阳纸业		002020 京新药业		002085 万丰奥威	
	真实值	预测值	真实值	预测值	真实值	预测值
2013. 12. 31	0.1601	0.1601	0.0930	0.0930	0.1283	0.1283
2014. 06. 30	0.0714	0.1379	0.0657	0.0862	0.0708	0.1139
2014. 12. 31	0.1453	0.1324	0.1001	0.0924	0.1286	0.1171
2015. 06. 30	0.0670	0.0805	0.0531	0.0636	0.0643	0.0770
2015. 12. 31	0.1262	0.1054	0.0834	0.0740	0.1319	0.1116
2016. 06. 30	0.0766	0.0844	0.0523	0.0578	0.0746	0.0869
2016. 12. 31	0.1470	0.1287	0.0839	0.0750	0.1113	0.1025

续表

公司代码及名称 数　值 时　间	002139 拓邦股份		002014 永新股份		002267 陕天然气	
	真实值	预测值	真实值	预测值	真实值	预测值
2013. 12. 31	0.1037	0.1037	0.0936	0.0936	0.4598	0.4598
2014. 06. 30	0.0517	0.0907	0.0415	0.0806	0.3014	0.4202
2014. 12. 31	0.1030	0.0929	0.0914	0.0818	0.5908	0.5177
2015. 06. 30	0.0554	0.0641	0.0467	0.0546	0.2871	0.3608
2015. 12. 31	0.1097	0.0935	0.1006	0.0845	0.4981	0.4441
2016. 06. 30	0.0535	0.0663	0.0543	0.0648	0.2227	0.2834
2016. 12. 31	0.1096	0.0957	0.0978	0.0877	0.0734	0.1012

公司代码及名称 数　值 时　间	002328 新朋股份		002461 珠江啤酒		002625 龙生股份	
	真实值	预测值	真实值	预测值	真实值	预测值
2013. 12. 31	0.1492	0.1492	0.1075	0.1075	0.0679	0.0679
2014. 06. 30	0.1162	0.1409	0.0514	0.0934	0.0448	0.0622
2014. 12. 31	0.1771	0.1617	0.0988	0.0904	0.0886	0.0774
2015. 06. 30	0.0866	0.1088	0.0667	0.0709	0.0629	0.0691
2015. 12. 31	0.1232	0.1123	0.1108	0.0971	0.1001	0.0919
2016. 06. 30	0.2303	0.1993	0.0609	0.0726	0.0555	0.0679
2016. 12. 31	0.0976	0.1355	0.0912	0.0838	0.1224	0.1065

公司代码及名称 数　值 时　间	002690 美亚光电		002114 罗平锌电		002024 苏宁云商	
	真实值	预测值	真实值	预测值	真实值	预测值
2013. 12. 31	0.3062	0.3062	0.1716	0.1716	0.6221	0.6221
2014. 06. 30	0.2737	0.2981	0.1013	0.1540	0.4165	0.5707
2014. 12. 31	0.2238	0.2435	0.2328	0.1994	1.1267	0.9255
2015. 06. 30	0.0680	0.1005	0.2366	0.2348	0.3802	0.5824
2015. 12. 31	0.1350	0.0993	0.1252	0.1608	1.2525	1.0532
2016. 06. 30	0.0441	0.0480	0.0667	0.0810	0.4238	0.6417
2016. 12. 31	0.1215	0.0921	0.1647	0.1286	0.9686	0.8454

续表

公司代码及名称 时间　数值	002034 美欣达		002529 海源机械		002305 南国置业	
	真实值	预测值	真实值	预测值	真实值	预测值
2013.12.31	0.1074	0.1074	0.0239	0.0239	0.0704	0.0704
2014.06.30	0.0480	0.0926	-0.0729	-0.0003	-0.0079	0.0508
2014.12.31	0.0835	0.0793	-0.0027	-0.0135	0.0701	0.0547
2015.06.30	0.0636	0.0637	-0.0107	-0.0160	0.0100	0.0204
2015.12.31	0.1193	0.1016	0.0160	0.0060	-0.0234	-0.0183
2016.06.30	0.0654	0.0790	0.0006	0.0047	0.0391	0.0169
2016.12.31	0.1141	0.1036	0.0459	0.0366	0.0639	0.0552
公司代码及名称 时间　数值	002072 凯瑞德		002473 圣莱达		002260 德奥通航	
	真实值	预测值	真实值	预测值	真实值	预测值
2013.12.31	-0.0388	-0.0388	0.0437	0.0437	0.1104	0.1104
2014.06.30	-0.1847	-0.0753	0.0011	0.0330	0.0094	0.0852
2014.12.31	0.0553	-0.0036	0.0030	0.0075	0.0933	0.0787
2015.06.30	-0.0402	-0.0198	-0.0174	-0.0171	0.0299	0.0388
2015.12.31	-0.2683	-0.2051	0.0414	0.0208	0.0369	0.0298
2016.06.30	0.0675	-0.0284	0.0319	0.0331	0.0318	0.0272
2016.12.31	0.0032	0.0136	0.0701	0.0644	-0.0286	-0.0168
公司代码及名称 时间　数值	002596 海南瑞泽		002392 北京利尔		002535 林州重机	
	真实值	预测值	真实值	预测值	真实值	预测值
2013.12.31	0.1753	0.1753	0.0578	0.0578	0.0452	0.0452
2014.06.30	0.0829	0.1522	0.0276	0.0502	0.0107	0.0366
2014.12.31	0.0990	0.1049	0.0399	0.0396	0.0157	0.0183
2015.06.30	0.0157	0.0268	0.0131	0.0170	-0.0054	-0.0038
2015.12.31	0.0817	0.0515	0.0071	0.0050	-0.0785	-0.0650
2016.06.30	0.0084	0.0172	0.0125	0.0071	0.0027	-0.0254
2016.12.31	-0.0804	-0.0627	0.0515	0.0398	0.0594	0.0411

续表

公司代码及名称　　数值 时　间	002686 亿利达		002656 摩登大道		002314 南山控股	
	真实值	预测值	真实值	预测值	真实值	预测值
2013.12.31	0.0773	0.0773	0.0474	0.0474	0.0695	0.0695
2014.06.30	0.0354	0.0668	0.0151	0.0393	-0.0580	0.0376
2014.12.31	0.0653	0.0608	0.0261	0.0265	-0.1154	-0.0820
2015.06.30	0.0385	0.0421	0.0267	0.0235	-0.0832	-0.1090
2015.12.31	0.0654	0.0558	0.0208	0.0198	0.2909	0.1779
2016.06.30	0.0430	0.0471	-0.0187	-0.0104	0.1057	0.1642
2016.12.31	0.0191	0.0248	-0.1431	-0.1160	-0.4459	-0.2853

公司代码及名称　　数值 时　间	002454 松芝股份		002571 德力股份		002115 三维通信	
	真实值	预测值	真实值	预测值	真实值	预测值
2013.12.31	0.0692	0.0692	0.0607	0.0607	-0.0064	-0.0064
2014.06.30	0.0444	0.0630	0.0214	0.0509	-0.1934	-0.0531
2014.12.31	0.0693	0.0643	0.0386	0.0378	0.0500	-0.0051
2015.06.30	0.0357	0.0426	0.0122	0.0153	0.0375	0.0325
2015.12.31	0.0696	0.0593	-0.0341	-0.0266	0.0700	0.0688
2016.06.30	0.0324	0.0404	-0.0395	-0.0447	-0.0429	-0.0069
2016.12.31	0.0259	0.0269	0.0913	0.0524	0.0489	0.0262

公司代码及名称　　数值 时　间	002125 湘潭电化		002490 山东墨龙			
	真实值	预测值	真实值	预测值		
2013.12.31	0.0612	0.0612	0.0095	0.0095		
2014.06.30	0.0112	0.0487	0.0257	0.0135		
2014.12.31	-0.0421	-0.0192	0.0573	0.0454		
2015.06.30	0.0168	-0.0066	0.0109	0.0261		
2015.12.31	0.0681	0.0466	-0.1778	-0.1279		
2016.06.30	0.0552	0.0605	-0.0818	-0.1178		
2016.12.31	0.0491	0.0567	0.1054	0.0441		

由于篇幅有限，本书在检验样本输出的融资风险状况动态预测图中任选12家公司的动态预测图，其中包括6家融资风险为健康型样本公司和6家融资风险为风险型样本公司，如图6-2所示。

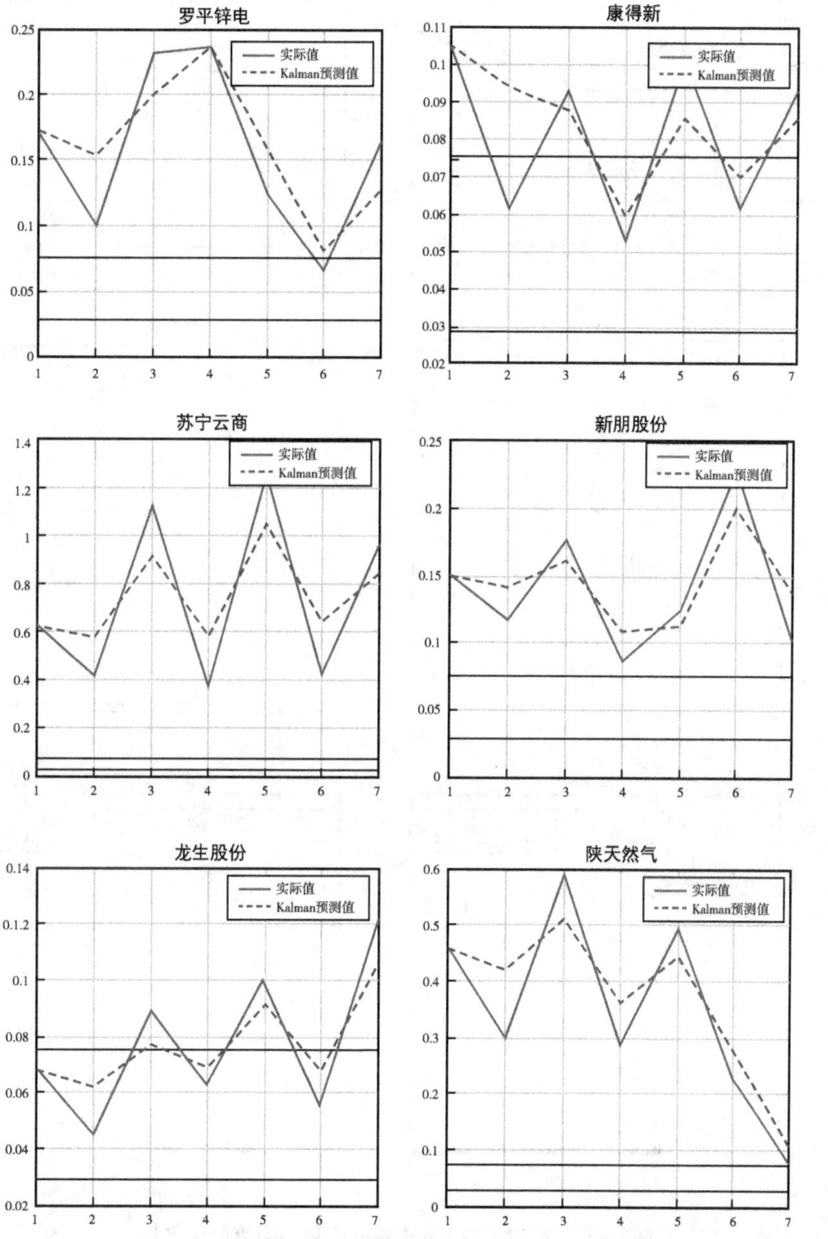

图6-2 部分样本公司的融资风险预警值曲线

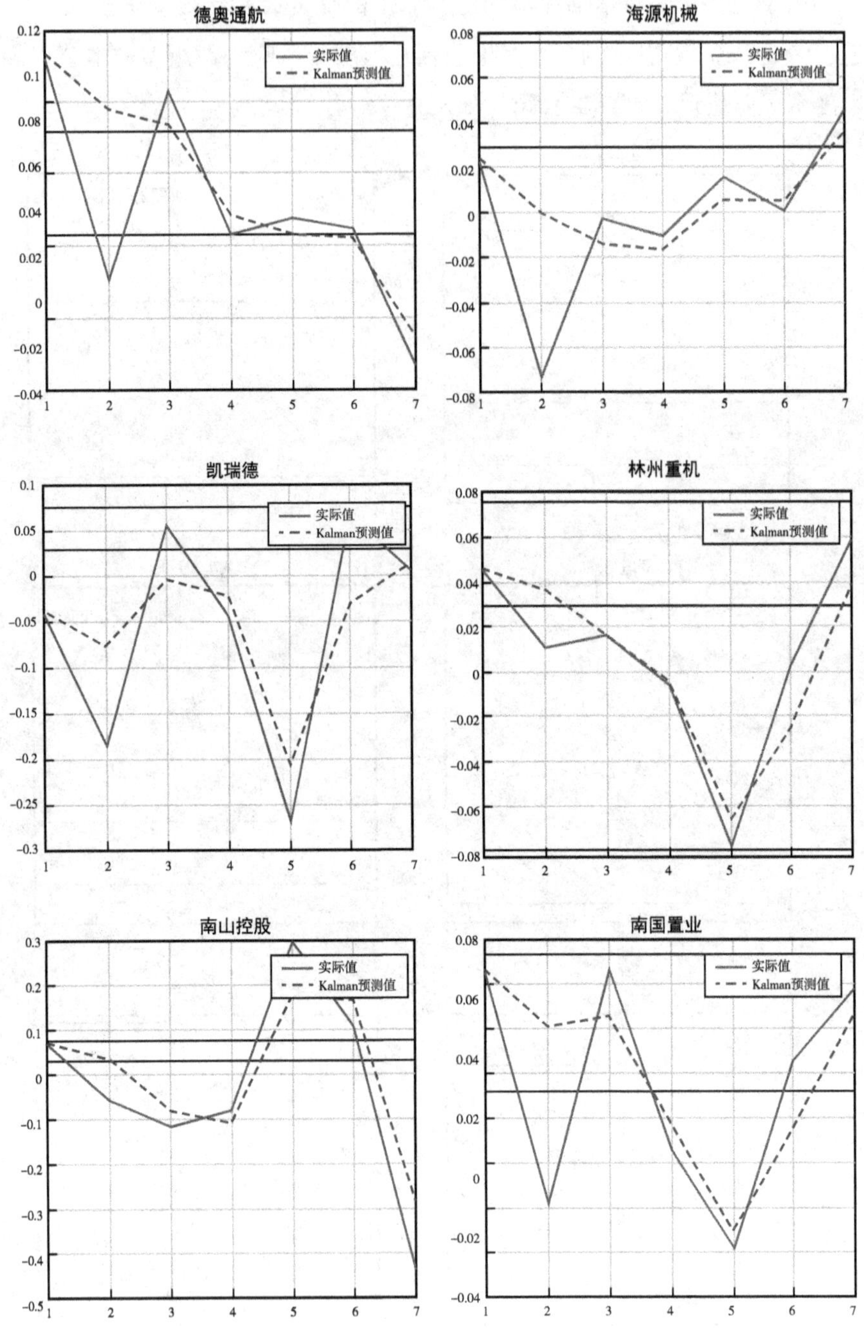

德奥通航

海源机械

凯瑞德

林州重机

南山控股

南国置业

图 6 - 2　部分样本公司的融资风险预警值曲线（续）

6.6.3　模型结果的动态预警分析

通过表 6 - 10 和图 6 - 2 的结果显示，基于 Kalman 滤波的知识产权质押融资风险动态预警模型是一个递归更新的过程。在形成状态的初始估计后，通过输入每年更新的财务信息对初始估计予以修改，逐步达到预测值与真实值稳定的状态。模型依据企业财务状况随时间推移的累积偏移来表示企业融资风险的演进过程，即在一定时期内，一个经营健康的公司其财务状况基本处于良好的范畴，并且变动趋势逐渐向好，但是不排除暂时出现弱化的状态；而风险型的公司其融资还贷风险则往往是财务状况逐步向坏的方向发展，从出现轻度危机到重度危机的变化趋势。以累积变异的思维而不是某一截面状态思维来预测企业的融资还贷风险体现出明显的动态预警特征。此外，通过预测图的形态可以区分质押融资企业所处的健康状态，企业风险是暂时的危机还是永久恶化，并且能够看到企业的融资风险状态的改变时点，实现融资风险预警的可视化效果。下面我们从健康型样本公司和风险型样本公司中各任选 2 家对动态预测图加以说明。

健康型公司中首先以云南罗平锌电股份有限公司（002114）为例，该公司成立于 2000 年年底，是一家高新技术企业。主营业务为铅锌矿石采选、锌冶炼、水力发电和资源综合利用项目，具有"矿—电—冶"一体化的产业链。目前公司已成功开发出锗铟联提、净化车间渣处理、浸出渣浮选银、锌粉厂制粉工艺改造等多个已达全国先进水平的资源综合利用生产技术。从预测图 6 - 2 来看，共计 7 期观测值中只有第 6 期稍低于健康阈值线，其他观察期数值均在健康阈值线之上，说明公司的整体偿债能力较强。2015 年年度数值比 2014 年大幅下降，是因为在 2015 年下半年受美国经济稳步回升及加息预期增强，国内锌价高位回落，持续下跌，虽然公司适应市场快速调整经营思路，但还是受其影响，公司整体经营风险和财务风险提高。2016 年受"去产能、去库存、去杠杆、降成本、补短板"等有利因素的影响，锌价下跌态势缓解并缓慢回升，从预测图上可以看出，虽然实际值偏低，但预测值在健康阈值线之上，在随后的 2016 年年底的实际值远高于健康阈值线之上，说明了预警的准确性。其他预测点的实际值和预测值均处于相同的健康区域，且预测值的变化方向与下一期的实际值变动方向相一致，这也进一步证明 Kalman 滤波模型对质押融资风险情况进行了很好的跟踪和预警。

其次以康得新复合材料集团股份有限公司（002450）为例，该公司于2010年上市，发展战略目标定位为构筑以先进高分子材料为产业核心基础的世界级生态平台，实施自主研发创新与资源收购整合相结合的策略，塑造新材料、全产业、大生态的发展格局。作为全球预涂膜行业的领军企业，在光学膜行业和碳材料及柔性材料领域也居全球领先地位。该公司作为先进高分子材料的优质企业，不断实现技术创新和商务创新，提升经营业绩持续增长和完善产业布局，为未来持续发展奠定坚实的基础，Kalman滤波模型也对公司情况进行了很好的跟踪和预测。

风险型公司中首先以德奥通用航空股份有限公司（002260）为例，该公司主营电器设备业务，以厨房小家电和商用智能厨房电器设备为主，2015年经过股权转让后，主营业务由电器设备业务逐渐转变为通用航空和电器设备。受行业发展态势的影响，2014年电器设备业务的下游客户需求疲软，订单减少，影响了公司收入，2015年该公司的业绩来源仍主要以电气设备为主，行业景气度不高，市场竞争日益激烈；而通用航空业务尚处于培育期，未形成稳定的规模化生产。从预测图来看，该公司在观测期内，虽然第2期真实值在轻度风险预警区域内，但预测值显示公司的情况并没有这么糟糕，之后，第3期的实际值与预测值均略高于健康阈值线也证实了这一点；但预测值低于真实值，说明这种健康的状况没有可持续性；第4期开始无论是真实值还是预测值均急剧下降至重度偿债风险预警区域，这也很好地印证了该滤波模型预测结果的准确性。

其次以凯瑞德控股股份有限公司（002072）为例，该公司是2006年上市的棉纺织企业，主营特宽幅装饰布系列、大小提花布系列等。依据原始样本公司质押融资风险分类标准，该公司属于重度风险公司。从观测期的预测图结果来看，该公司大部分时期处于风险阈值下限区域，整体状况属于重度风险。2014年开始受国内实体经济下行、生产要素价格持续上涨等诸多因素影响，棉纺织企业运营压力增大、内需持续不振，国际市场竞争力明显下降，纺织行业发展愈加艰难。从个别观测点来看，第 3 期和第 6 期的真实值位于风险阈值线下限之上，但预测值均处于重度风险区域，其后续第 4 期和第 5 期重新回到重度区域印证了预警结果的准确性。

6.7 总体判别准确率分析

6.7.1 总体预测精度分析

任何预警模型都存在其使用的限制条件或者忽略的影响因素，因此，再完善的预警模型也无法做到 100% 的预测准确度。预测精度是指预测模型所产生的预测值与实际值拟合程度的优劣，反映预测模型拟合的程度，也是判断预测方法是否具备适用性的一个重要指标，可以通过 MATLAB 命令直接实现。由表 6 – 10 结果计算可知 2013—2016 年共 7 期半年报预测值和真实值的平均误差为 8.5%，并且模型在最后一期的平均误差仅为 5.1%。可见模型的预测精确度高，预测效果好。

6.7.2 模型分类识别精度分析

①风险型检验样本的结果分析。从 Kalman 滤波的动态模型计算的预测值可知，全部样本中如果最后一期为风险型，而在第 6 期 93% 的检验样本在发生危机前预测正确，即在 2016 年年底出现风险状况之前已经低于轻度危机阈值或者进入重度风险预警区域，并且 93% 的样本提前 2 期出现轻度融资还贷风险预警警报。

②健康型检验样本的结果分析。从 Kalman 滤波动态模型计算的健康型样本的预测结果可以看出，大多数健康型公司的预测值位于轻度风险阈值的预警线之上，个别检测样本中的预测值在某个时点上出现过暂时偏离正常值的现象，但动态模型随后对这种情况进行了及时的校正；即使属于轻度风险，也是略低于预警线，且是暂时性的轻度风

险。16 家健康型公司检测样本中的 112 组动态数据的检验结果表明，健康型检验样本在第 6 期的判别正确率为 93.75%，总体判别正确率为 87.5%。

本书进一步对分类识别出现的错误进行了分类：A 类错误和 B 类错误。当风险型融资公司被误判为健康型公司，称为 A 类错误；识别正确则认为具有敏感性。当健康型融资公司被误判为风险型公司，称为 B 类错误；识别正确则认为具有专一性。无论哪一类错误的发生，都可能导致错误的决策，造成严重的损失。预警模型识别风险类别的准确率如表 6 – 11 所示。

表 6 – 11　Kalman 滤波模型的识别准确率

时间 项目	A 类错误率（%）	敏感性（%）	B 类错误率（%）	专一性（%）	识别准确率
2016.12	6.25	93.75	6.25	93.75	93.75
2016.06	12.5	87.5	6.25	93.75	90.6
2015.12	6.25	93.75	12.5	87.5	90.6
2015.06	6.25	93.75	18.75	81.25	87.5
2014.12	12.5	87.5	12.5	87.5	87.5
2014.06	12.5	87.5	18.75	81.25	84.3

由表 6 – 11 风险预警的识别准确率结果可知，Kalman 滤波模型的综合判断率比较高，显示了该预警模型具有良好的稳健性和预测能力。将风险型公司误判为健康型公司的比率为 9.4%，将健康型公司误判为风险型公司的比率为 12.5%，模型总体判别正确率为 89.1%。其中，将风险型公司误判为健康型公司的比率低于健康型公司误判为风险型公司的比率，这样的结果能够进一步降低质押融资风险的发生。此外，该预警结果也说明了知识产权质押融资风险的预警标准极有可能比一般的财务危机的预警标准更加严格和苛刻。对于银行等放贷机构来说，需要改变以往对知识产权质押融资业务的谨慎态度，正视业务存在的风险，加大知识产权质押融资业

务的推广，为优质的科技型中小企业提供其发展所需资金，助力科技型中小企业快速发展。

6.8　本章小结

本章主要阐述银行等金融机构发放贷款后，融资企业的财务状况和经营状况的变化成为引发融资风险的焦点。企业非财务信息的影响将会集中通过财务指标表现出来，且财务风险高的公司和财务健康的公司之间在财务指标上存在明显的差异。鉴于企业融资风险具有动态性和累积性，本书采用最佳线性递推滤波——Kalman 滤波，运用样本公司的时间序列财务数据对融资企业知识产权质押融资风险进行实时动态监控和预警。本书选取知识产权质押融资风险静态评价指标体系中的财务指标作为风险动态监控和预警的指标评价体系。从 Wind 数据库中中小企业板块上市公司选取 44家健康公司和 44 家风险公司作为研究样本，21 个融资风险预警指标的时间跨度从 2013 年年报开始到 2016 年年报止的 7 期半年报和年报数据，共计 12936 个观测数据进行截面和时序的分析与检验。在对时间序列数据的噪声进行处理后，对数据进行描述性统计，并将结果分别从截面和时序两个维度比较分析，初步判定预警指标的个体特征。之后，将观测数据进行标准正态分布转换和全局主成分分析，以简明扼要地把握预警指标的持续性变化和累积效果的动态规律。按照净利润和经营净现金流量两个指标将样本公司分为健康型企业、轻度风险型企业和重度风险型企业，确定每类中预测样本和检验样本的数量。采用统计分析法提取健康型公司和风险型公司的判断阈值。依据 Kalman 滤波理论，建立随机滤波模型，预测样本公司数据的观测值作为滤波器的输入，输出估计参数或风险状态。应用 MATLAB 编写的程序，通过计算机实现实时递推算法，建立最优滤波方程。之后，将检验样本的数据输入最优滤波方程，得到的预测值与真实状态值进行比较，结合提取的健康型公司和风险型公司的判断阈值，勾画样本公司的融资风险状况动态预测图，并从预测值与实际值的拟合精度、公司风险类型识别精度等角度判别预警模型的效果。实证结果表

明，基于 Kalman 滤波动态预警模型预测值与真实值的平均误差为 8.5%，具有较高的拟合精度；将风险型公司误判为健康型公司的比率为 9.4%，而将健康型公司误判为风险型公司的比率为 12.5%，模型整体的识别准确率为 89.1%，说明该模型对公司知识产权质押融资风险的动态监控具有良好的预警功能。

第 四 篇

风险共担与化解机制篇

第七章　知识产权质押融资的
风险共担与化解机制

7.1　知识产权质押融资的风险共担机制

风险控制机制的构造一直是制约知识产权质押融资发展的一个主要难题，银行等金融机构大多也是因为风险过大、难于驾驭的原因对知识产权质押融资徘徊观望。

7.1.1　知识产权质押融资所面临的风险

在知识产权质押融资的过程中，知识产权质押融资的风险存在于质押融资过程中的每个环节，因此涉及的政府、银行、中介机构等都承担着不同程度的风险。下面分析不同参与方的风险。

（1）国家和政府

在我国开展的各种知识产权质押融资模式实践中，即使是纯市场化模式，政府也会适当地参与其中，即发布与知识产权质押融资相关的政策。因此知识产权质押融资属于政策的一个方面，从整体来看，国内外的知识产权质押融资实践都是国家和政府所推动起来的，因为这项政策有利于为中小企业解决融资的问题，有利于整个国家的经济和社会发展，所以国家和政府在不遗余力地支持这项政策。但是一旦失败，一方面对于经济和社会发展会造成很大的不利；另一方面也会损失政府的公信力，所以国家和政府也面临一定的风险。

（2）银行及其他金融机构

银行和其他金融机构在知识产权质押融资问题上所面临的风险主要来

自于两个方面，一个是知识产权本身，另一个是中小企业。

首先知识产权属于无形资产的一种，具有极大的不确定性，尤其较难准确地评估其未来可以带来的经济利益，而且价值存在一定的期限性，导致在进行质押时存在很大的风险，这种风险对于贷款的银行来说还是非常大的。

其次就是银行和其他金融机构的贷款对象，即广大中小企业。一般来说，中小企业的抗风险能力较弱，资金不充足，需要通过融资、贷款获得日常经营和发展所需的资金，其本身的存在就有很大的风险。同时很大一部分科技型中小企业的领导层往往是技术发明者，而技术发明者是否能胜任领导者的角色决定了企业的发展情况，属于潜在的管理风险。所以中小企业面临的风险则多样化，有市场风险、技术风险，还有管理风险。所以这时银行和金融机构在知识产权质押融资这个问题上一般都比较谨慎是有其一定的道理的。

（3）中介机构

①资产评估机构。由于知识产权价值的不确定性和期限性，导致了资产评估机构对知识产权价值的评估很难，所以一旦知识产权质押融资过程中出现企业不能如期还款，其价值与实际价值不相符，则资产评估机构就会承担一定的责任。而且目前有的地方则实行中介机构在贷款协议中规定了资产评估机构的评估责任，所以评估机构也存在着一定风险。

②律师事务所。律师事务所面临的是知识产权的法律风险，主要是指知识产权的归属问题（归属问题不明确，容易产生异议）。目前我国律师事务所属于合伙制企业，一旦出现贷款企业不能还款，合伙人要承担无限连带责任，而且在知识产权质押贷款过程中仅获得 1.5% 的收益，"收益小，风险大"的结果导致律师事务所对待知识产权质押融资业务时会非常谨慎，审查评估也非常严格，以确保融资企业具有还款能力，甚至有的律师事务所不愿涉及此业务，这对开展知识产权质押融资业务造成了法律上的障碍。

③担保公司。相比于其他机构所承担的风险，相对来说担保公司所承担的风险最为重大，因为一旦企业不能还款，就要由担保公司来代替还

款，特别是我国目前多数都是全额担保，更是加大了其风险。而国外，比如日本和美国则是部分担保，一般不超过75%，所以在这方面我们需要有很大的调整幅度。

7.1.2 知识产权质押融资风险共担机制的类型

建立多层次的知识产权质押融资风险共担机制是解决问题的一个大的方向。针对知识产权质押融资过程中存在的风险，我国部分地区对建立风险分散机制进行了有益的尝试和实践，其中主要以北京、上海浦东、武汉、成都和湘潭五种模式为代表。北京模式主要是联合担保机制为主，浦东模式主要以反担保机制为主，武汉模式主要以政府担保与反担保相结合的混合担保机制为主，成都主要以政府担保机制为主，湘潭主要以质押物置换机制为主。后面章节提到的知识产权质押融资的风险分散机制主要针对"北京模式""浦东模式""武汉模式""中小企业集群信用互助模式"和"保证资产价格收购模式"进行分析。

（1）联合担保机制

联合担保机制指的是采用人保与财保相结合的方法来降低商业金融机构的风险。当企业用其知识产权质押时，金融机构要委托资产评估机构对该知识产权的经济价值进行评估，委托律师事务所对该知识产权的法律状态进行评估。金融机构基于这两者出具的评估报告，对质押知识产权的价值做出判断，给予相应的贷款额度。因此，金融机构要求资产评估机构对于其评估的经济价值予以担保，律师事务所对该知识产权的法律状态予以担保。该种模式是在市场化的基础上，借助市场中银行、评估公司、担保公司或其他中介机构的力量为科技型中小企业进行贷款，政府对符合一定要求的企业给予贴息支持，通过公共服务和资金支持，完善知识产权质押贷款的培育引导机制、信用激励机制、风险补偿机制、组合融资机制、风险分担机制。政府不是直接以财政资金为企业作担保，更多的是整合资源，搭建平台。我国北京地区一些金融机构开展的知识产权质押贷款业务采用了这种模式，即政府和参与知识产权质押融资的各方共同承担风险。

（2）反担保机制

知识产权质押融资的反担保机制，是对信用担保贷款的一种反担保，它是知识产权质押融资与中小企业信用担保体系的结合体。企业向金融机构提出贷款请求，由信用担保机构给予信用担保，当企业到期不能偿债时，由信用担保机构承担补偿担保责任。而信用担保机构作为信用担保承诺的前提是，企业要用其所拥有的知识产权作为信用担保的反担保。当企业到期不能偿债，信用担保机构承担补偿担保责任后，就可以获得作为反担保的企业知识产权处置的优先受偿权。开展此类业务的信用担保公司多数是地方政府成立的政策性信用担保机构。此类实践活动，以上海的浦东区专门设立生产力促进中心作为知识产权质押融资的信用担保机构的模式最为典型。

目前，上海主要采取的是这种机制，上海浦东生产力促进中心为企业的知识产权质押融资提供担保，企业以其拥有的知识产权作为反担保质押给上海浦东生产力促进中心，然后由银信机构向企业发放贷款，在此项贷款中，由上海浦东生产力促进中心承担 95% ~99% 的贷款风险。

（3）风险补偿机制

知识产权质押融资的风险补偿机制是指设立一个专项基金，专门用于承担中小企业知识产权质押融资后的风险。当科技型中小企业向金融机构申请贷款，审核通过后金融机构发放贷款，但是到期企业无法偿还贷款，同时知识产权的价值也无法抵偿该贷款，则由专项基金给予补偿。该专项基金可以由很多的中小企业联合设立，实行会员制，对基金成员企业给予知识产权质押融资的补偿担保，也可以由政府与企业共同出资设立。

风险补偿机制的建立也是推动知识产权质押融资发展的一个重要手段。风险补偿的方式主要是建立风险补偿基金。2006 年 11 月 23 日国务院办公厅根据《中华人民共和国中小企业促进法》和《国务院关于鼓励支持和引导个体私营等非公有制经济发展的若干意见》（国办发〔2005〕3 号）发布了《关于加强中小企业信用担保体系建设的意见》（国办发〔2006〕90 号），提出建立健全担保机构的风险补偿机制，政府建立的专项基金一部分用于弥补无法偿还的风险，另一部分用于支持中小企业信用担保体系建设。同时为提高中小企业信用担保机构抵御风险的能力，各地区可根据实际，逐步建立主要针对从事中小企业贷款担保的担保机构的损失补偿机制。目前，许多省市根据当地实际情况，采取不同具体措施建立知识产权融资风险补偿机制，落实风险补偿金。例如，2016 年 7 月，中山市科技局印发了《中山市科技企业知识产权质押融资贷款风险补偿办法》，风险补偿项目损失发生后，风险补偿资金承担的风险损失不超过贷款本金损失的70%。2016 年 10 月，山东省科技厅、山东省知识产权局、山东省财政厅与齐鲁银行、交通银行山东省分行签订合作协议，设立知识产权质押融资风险补偿基金，初期基金规模 5000 万元，专项用于对合作银行知识产权质押贷款风险补偿。

（4）政府担保机制

政府担保机制是指由政府财政资金作为担保，为企业知识产权质押融资承担担保责任，当知识产权质押融资合同到期而企业无法履行还款义务时，由政府财政资金给予银行补偿，降低银行贷款风险。目前，政府担保机制分为间接担保机制和直接担保机制。如成都市采用的是间接担保机制，成都市政府在银信机构开展知识产权质押融资业务时给予其适度的资金和政策扶持。即由成都市知识产权局设立 4000 万元知识产权质押融资专项担保基金，并委托成都市生产力促进中心管理。在担保基金的承保下，银信机构以 1:3 的比例为成都市生产力促进中心提供 1.2亿元的知识产权质押融资授信额度，银信机构再按照 1:9 的比例与成都市生产力促进中心共同承担融资风险。这样，成都市生产力促进中心在银信机构向企业提供的知识产权质押贷款中提供连带责任担保，银信机构为符合条件的企业提供贷款。因基金规模的限制和风险控制的要求，成都市的知识产权质押贷款期限一般不超过 1 年，贷款金额不超过 500 万元。而政府直接担保机制目前主要在体制较灵活的园区层面开展，如湘潭国家高新区以管委会为园区企业的知识产权质押融资担保，当贷款到期而债务人无法履行还款义务时，由园区的财政资金给予银行补偿。

（5）质押物置换机制

质押物置换机制是指当金融机构在以知识产权为质押物提供借款后，对该笔资金的用途加以限定，并在合同规定的期限内用固定资产置换作为质押物知识产权，从而达到对知识产权质押融资风险控制的目的，我国湘潭就是采取的这种机制。在金融机构发放贷款之前，做出充分的贷前审查，对出质人的经营状况、资信情况、资金流动状况等做充分调查；在贷款发放之后，还要做严格的贷后管理，限定所获贷款的用途，并在后期将作为质押物的知识产权逐步置换为固定资产，从而控制风险。但该机制存在大量的贷前调查与贷后管理工作，对人工成本和时间成本花费也较大，使得金融机构的成本大大提高，并且信贷员要承担较大的连带责任。

2015年10月，国家知识产权局、财政部、人力资源社会保障部、中华全国总工会、共青团中央五部门印发《关于进一步加强知识产权运用和保护助力创新创业的意见》的通知中强调"完善知识产权估值、质押、流转体系，推进知识产权质押融资服务实现普遍化、常态化和规模化，引导银行与投资机构开展投贷联动，积极探索专利许可收益权质押融资等新模式，积极协助符合条件的创新创业者办理知识产权质押贷款"。2009年以来，2016年开展新的专利质押融资及专利保险试点示范工作，扩大实施知识产权质押融资的地区范围和时间范围。

知识产权质押得以顺利展开，技术上的关键是存在一种可行的运行机制及其适宜的运行环境，能够将知识产权中的法律、经济以及管理方面的诸多风险得以化解，但这一可行的"运行机制"的构造和适宜的"工作环境"的创造，存在诸多技术困难。当前知识产权质押低于人们的预期，主要原因之一就是人们对此技术难题的破解尚处于"摸着石头过河"的阶段。

风险控制和防范乃知识产权质押的核心问题，知识产权质押模式的选择实质上就是风险化解机制的构造。实践中为了化解由此产生的风险，各地又创造了一些具有各地地方特色的模式，其核心都是想方设法将知识产权质押融资的风险化解。国内各地具有代表性的知识产权质押融资模式，包括北京"银行＋企业知识产权质押"的直接融资模式、上海浦东"银行＋政府基金担保＋专利反担保"的间接质押融资模式，以及武汉"银行＋科技担保公司＋专利权反担保"的混合模式。

7.2 知识产权质押融资北京模式中的风险共担机制

7.2.1 知识产权质押融资北京模式简介

知识产权质押融资北京模式是一种以银行创新为主导的相对市场化的知识产权质押贷款模式，是一种"直接质押融资模式"。其运作模式是：政府搭台提供服务，银企唱戏具体运作，中介参与提供担保。该知识产权质押融资模式的特点是：①主要面向拥有商标权、发明专利权和实用新型专利权的科技型企业。②引入了评估公司、律师事务所和股份担保公司等中介机构，它们为银行承担了评估、审查、监控等事务，承担了违约情况下的风险和质押资产的处置任务。具体运作机制如下所述。

一是政府积极推动，创造环境。包括对获得知识产权质押融资贷款的科技型中小企业，政府采取财政资金补贴贷款利息的方式来支持企业；安排专项资金对促进知识产权质押贷款有重大贡献的科技中介机构进行奖励，促进银行在北京设立"科技支行"，建立为科技型中小企业提供金融服务的专营金融机构；北京市政府与科技部、国家知识产权局联合建立中国技术交易所，搭建知识产权交易平台；探讨设立"科技型中小企业"知识产权质押贷款风险补偿基金。

二是银行与企业是知识产权质押融资的主体。质押担保的标的物是出质人的知识产权，主要是专利权、商标专用权，后来也包括版权等。

三是中介机构积极参与，不仅提供法律、技术服务，而且承担有关法律责任或风险。在知识产权质押设立过程中，由专门中介机构来操作实施，并承担违约风险，由中介机构对出质的知识产权进行评估、审查和监控，如果出现贷款违约风险，首先由中介机构承担全部风险，然后中介机构再处置不良资产；当出现代偿时，由政府与担保公司分摊风险，实现政策性担保与商业性担保的有机结合。

知识产权质押融资北京模式的典型案例。2006 年，交通银行北京分行与北京市经纬律师事务所、连城资产评估有限公司、北京资和信担保有限公司等共同推出一款名为"展业通——中小企业知识产权质押融资贷款"的金融创新产品。交通银行北京分行与柯瑞生物制药公司签署的首个知识产权质押贷款合同，柯瑞生物制药公司以蛋白多糖生物活性物质发明专利权出质，交通银行北京分行为出质人提供 150 万元的贷款，企业发展迅速，在到期还款后获得第二笔"展业通"贷款 1500 万元。这是全国首例企业知识产权质押贷款业务。2007 年，北京市科委与交通银行北京分行就促进科技型中小企业自主创新暨推动知识产权质押贷款工作签署了合作协议。该款知识产权质押融资以发明专利权、实用新型专利权和商标专利权等知识产权作为核心质押标的物，北京市政府部门提供专项贴息，降低企业融资成本；贷款期限与额度比较灵活，向企业提供专业化、个性化、全方位金融组合产品。同年，北京市知识产权局与交通银行北京分行签署了总额为 20 亿元的《首都知识产权"百千对接工程"——知识产权质押融资战略合作框架协议》，推动首都知识产权质押融资工作。

7.2.2　以银行视角分析知识产权质押融资北京模式风险共担与化解机制

知识产权质押融资北京模式中，政府部门、银行、中介机构等三方主体积极主动，分别担当了其中不同的角色，发挥了各自不可替代的作用。交通银行北京分行根据支持服务科技型中小企业的市场定位，不仅推出了以"展业通"为代表的中小企业专利权和商标专用权质押贷款品种，而且还推出了"文化创意产业版权担保贷款"产品，可以说，交通银行北京分行充当的是主动参与的"创新者"角色。

知识产权质押融资北京模式属于市场化模式，企业和银行以及中介机构是参与主体，银行承担着知识产权价值、法律所属权，甚至于企业是否到期可以偿还贷款的风险，因此站在银行的角度，分析该模式下风险分散机制的两个特点。

一方面，银行与知识产权评估价值机构和法律评估机构相互合作，价值评估机构对所做出的知识产权的评估价值负责，而法律评估机构必须明确知识产权的权属，并承担相应的责任，这样就适当地减小了银行针对该知识产权质押融资贷款的风险，同时还会有担保机构的参与，共同来分担风险。比如，2008 年 11 月，刚成立的北京中小企业信用再担保公司与六家银行签订担保协议，在防范金融风险的前提下共同推动中小企业担保贷款规模的扩大，并与北京市三家重点担保机构签订再担保合作协议，为担保机构提供分险增信服务。知识产权的价值是随着科技的发展和市场的变化而起伏的，因此不仅在贷款前期需要对知识产权价值进行评估，在整个质押期间，也应引入知识产权动态价值评估体系，以保证银行债权的实现。如果参与各方与保险公司签订协议，当出现风险时由保险公司承担大部分风险，这样更能降低银行信贷风险和企业的融资成本。

另一方面，虽然存在多方分散风险，但知识产权质押的主要风险还是商业银行承担，因为银行是质权人。还有来自于企业本身的经营风险、财务风险等，所以在市场中，银行需要正确地判断企业是否符合贷款融资的条件，造成银行发放贷款的门槛较高，来提升贷款质量。比如，申请贷款的条件为"作为质押物的知识产权限为发明专利权、实用新型专利权和商标专用权中的一种或几种，须合法有效，并且具有较强的盈利能力和良好的发展前景"。由于知识产权质押融资尚处于初级阶段，风险控制对银行来讲更多是雾里看花，所以知识产权质押融资北京模式的信贷限制较多，如贷款用途仅限于借款人在生产过程中的资金需求，贷款额度限制严格，贷款期限较短，且不能办理展期，贷款对象有较多的局限性，主要集中在处于成长期有一定规模和还款能力的中型企业。

知识产权质押融资北京模式既解决了企业融资难题，又为银行拓展了信贷业务。正是如此，在全国多种融资模式中北京模式是比较成功的范例。

7.2.3　以政府视角分析知识产权质押融资北京模式风险共担与化解机制

在北京模式中政府只是发挥引导、协调和服务的作用，只是在外围搭建平台以及整合资源推动知识产权质押的扩展。北京市科委对知识产权质押贷款业务给予一定比例的贴息支持，并承担了相应的服务功能，充分发挥了政府的引导、协调、扶持和服务功能。虽然给予贴息补偿主要是为了引导知识产权质押融资业务的开展，降低质押融资成本，并非是为了承担知识产权质押的主要风险，但也在一定程度上分解了其中的主要法律风险，促成了知识产权质押融资业务。因此北京模式的最大特点在于政府机构并没有直接参与到知识产权质押融资的法律关系中，而是仅以局外人的身份对符合知识产权质押贷款条件的科技型中小企业在知识产权质押融资中给予贴息支持。

政府相关主管部门是典型的服务型政府机构，为知识产权质押贷款提供了具有强大保护力的政策环境，尤其北京市科委作为政府部门服务于科技型中小企业的知识产权质押融资业务，银行主动参与，是崭新金融运营模式的创造者，如交通银行北京分行根据支持、服务科技型中小企业的市场定位，不局限于专利权、商标权等无形资产作为质押的知识产权，还将文化创意版权引入质押义务当中。根据 2010 年发布的《关于加快推进中关村国家自主创新示范区知识产权质押贷款工作的意见》，其中表明凡符合中关村知识产权质押贷款条件的，对获得贷款支持的企业给予20% ~ 40% 的利息补贴。

北京模式只是为知识产权质押融资风险化解提供了一个思路，也有具有一定的局限性。首先，政府具有公共性，市场经济只有在市场"无形的手"和国家"有形的手"的共同作用下，才能健康的运转。知识产权质押作为一种新兴的经济活动形式，需要政府的支持和引导，但政府也只是在初始阶段提供诸如贴息支持等方面的直接干预，绝非长久之计，知识产权质押融资不可能依赖政府去承担其中的风险。总之，在知识产权质押融资过程中，应该正确处理政府与市场之间的关系，在一个成熟的科技转化体制中，应当是市场发挥主导作用，由科技成果供方、需方以及中介机构按照市场规律运行，但是政府也是不可或缺的主体，可以起到重大科技成果转化推动者的作用。

7.3 知识产权质押融资浦东模式中的风险共担机制

7.3.1 知识产权质押融资浦东模式简介

知识产权质押融资的上海浦东模式是一种以政府为主导的知识产权质押融资模式，是一种"银行＋政府基金担保＋专利反担保"的间接质押贷款模式。该模式的特点是政府在知识产权质押融资活动中处于核心地位，从申请、担保到损失补偿，都有政府参与。政府通过设立专项基金为实物抵押条件不足的科技型中小企业向银行短期借款提供信用担保，企业以自有知识产权质押和业主信用为反担保。

2006 年，上海浦东新区作为第一批知识产权质押融资试点地区之一，率先开展知识产权质押融资业务，并形成了地区模式。浦东新区科委与上海银行合作，在上海市率先尝试知识产权质押融资。企业将知识产权质押给政策性担保机构，以此获得银行贷款。2008 年 10 月 17 日，上海市浦东新区科技发展基金每年发布《浦东新区科技发展基金知识产权质押融资专项资金操作细则》，其具体运行机制如下所述。

首先，"十一五"期间，浦东新区科技发展基金每年安排 2000 万元设立专项资金，此专项资金存入"上海浦东生产力促进中心"在银行的专户，生产力中心每季度向浦东新区科技发展基金管理办公室、浦东新区财政局报送专项资金使用情况及相关报告；银行按照 2 ~ 2.5 倍放大贷款规模，资助对象为运行良好的有短期融资需求的浦东新区科技型中小企业，重点支持软件、文化创意、集成电路设计、生物医药等领域拥有专利、版权、软件著作权、布图设计登记证书、新药证书等知识产权的科技型中小企业。

其次，在程序上，生产力中心受理接受申请企业提交的资料，由上海浦东知识产权中心（隶属于知识产权局）等单位对企业提供质押的知识产权进行评估，并提交评估意见。生产力中心从资料、现场、银行、客户、政府等方面审查企业是否符合申请条件及具备还款能力，并结合评估单位出具的评估意见出具经所在部门负责人审核的审核意见。生产力中心拟定担保方案，经科技基金管理办公室复核后，报浦东新区科委审批。生产力中心根据科委审批的决定做出担保确认，向银行出具担保确认文件。担保的额度不超过质押的知识产权评估价值的80%。

最后，生产力中心负责对担保企业进行保后管理。生产力中心每季度对企业经营管理、财务状况、知识产权实施情况进行一次检查，形成保后管理报告，企业应当主动配合，如实提供有关资料和情况。担保贷款发生逾期，银行在贷款逾期后5个工作日内通知生产力中心，生产力中心在接到担保履约通知书后5个工作日内核准上报浦东新区科技发展基金管理办公室，经基金办复核后报新区财政局，并在接到银行的担保履约通知书20个工作日内对催收无效的企业的债务先行代偿。生产力中心对已代偿的逾期贷款，取得代位求偿权，对代偿部分进行继续催讨。生产力中心对有条件还款但故意逃避债务的企业提起诉讼追究企业和业主的法律责任；对确实有困难，一时无法还款的企业，保持债权有效性，待企业财务状况好转时归还；对借款企业被合并、收购的，合并的那个企业或收购方必须负责还款；对破产的企业，行使对质押知识产权拍卖或转让权。逾期代偿的资金可从企业享受浦东新区政府的扶持资金中扣还。

截至2013年年底，上海各地区完成各类知识产权质押融资交易宗数为126宗，涉及交易金额263.1亿元。据统计，截至2015年年底，上海银行已累计为34家科技型中小企业发放贷款48笔，累计金额达到5870万元。2013年6月，上海市浦东新区科学技术委员会印发《浦东新区知识产权质押融资风险补偿和奖励操作规程》，对符合补偿条件的贷款，在不同的范围内给予银行一定的利息风险补偿。在现代市场条件下，科技型小微企业面临抵御风险能力低、融资难的问题，企业的发展受到极大的阻碍。2016年8月又印发《浦东新区科技发展基金科技型小微企业贷款贴息专项资金操作细则》的通知，对知识产权质押融资业务进行贴息资助。

7.3.2　以银行视角分析知识产权质押融资浦东模式风险共担与化解机制

知识产权质押融资浦东模式中，政府部门、银行、中介机构三方主体角色和北京模式明显不同。浦东模式以政府为主导，政府各有关部门充当了"担保主体＋评估主体＋贴息支持"等多重角色。浦东生产力促进中心提供企业贷款担保，企业以其拥有的知识产权作为反担保出质给浦东生产力促进中心，然后由银行向企业提供贷款，浦东知识产权中心（浦东知识产权局）等第三方机构则负责对申请知识产权贷款的企业进行知识产权评估，没有引入专业中介机构参与运作。其中上海银行浦东分行在知识产权质押贷款方面持非常谨慎的态度，承担风险为 1% ~ 5%，在发放贷款方面比较被动。

在该模式下，政府与银行共同分担风险，比例接近 9 比 1，银行承担较小的风险。一般而言，银行在没有任何外力的保障下，完全可以拒绝对价值无法估算又可能无法退出的知识产权质押进行放贷。在保持明确知识产权作为质押物的准入条件和贷款基本授信条件的基础上，考虑到知识质押融资模式的特殊性，在银行享有权利的同时，赋予其有一定保障的义务。科技型中小企业满足一定的条件可向银行申请贷款，银行向科技型中小企业发放贷款，并对其进行贷后管理。若因企业自身条件不足导致破产或者无法偿债，则银行会承担一小部分责任，政府会通过专项资金补偿该损失而承担大部分风险。并且银行目前没有专门的机构对企业专有技术这一无形资产进行评估，所以，技术评估上存在较大的风险。在这一点上，需要引入政府部门及相关专家提供支持。

知识产权质押贷款过程存在着各种各样的风险，其本质上不同于风险投资，仅仅是金融贷款中的一个产品，而且是风险相对较大的产品。除了一般的信贷风险外，由于知识产权的特殊性和市场的不确定性，使银行往往难以控制其风险。因此在构建具有普遍适用性的知识产权质押贷款模式时，必须充分考虑这些风险以及造成风险的各种因素，从各个主体出发，构建"多方合作、风险分担"的新模式。

7.3.3 以政府视角分析知识产权质押融资浦东模式风险共担与化解机制

浦东生产力促进中心提供企业贷款担保，企业以其拥有的知识产权作为反担保质押给浦东生产力促进中心，然后由银行向企业提供贷款，且与上海银行约定承担 95% ~99% 的贷款风险，而浦东知识产权中心（浦东知识产权局）等第三方机构则负责对申请知识产权贷款的企业采用知识产权简易评估方式，简化贷款流程，加快放贷速度，各相关主管部门充当了"担保主体，评估主体，贴息支持"等多重角色，政府成了参与的主导方。浦东生产力中心作为政府职能延伸承担了 95% 以上的风险，在评估方面则是由浦东知识产权中心综合企业经营状况等各方面因素进行简单评估。

知识产权质押融资浦东模式成功的关键，在于上海浦东知识产权质押贷款的对象主要是浦东新区软件、文化创意、集成电路设计、生物医药等领域拥有专利、版权、软件著作权、布图设计登记证书、新药证书等知识产权的科技型中小企业。一方面，政府了解这些企业资质及经营状况，且贷后便于管理；另一方面，这些科技兴中小企业具有"短、平、快"的特点，因此政府事实上承担的担保风险并不大。通过这种模式，上海浦东政府有关部门既促进了本地区知识产权质押融资平台的建设，也推动了本地科技发展基金的良性循环使用。

该模式中政府机构作为担保的一方直接参与科技型中小企业知识产权质押融资，保障了有发展潜力的科技型中小企业可以获得融资，但同时政府承担着重要风险。一方面，科技专项资金的利用效率较低。2006—2010 年浦东新区科技发展基金为支持知识产权按质押贷款业务而设立的 1 亿元（每年 2000 万元）专项资金按 2 倍杠杆放大，应可撬动商业银行贷款 2 亿元。然而，实际贷款量只占可贷金额总量的二分之一左右；另一方面，一旦产生坏账主要由政府买单，政府将承担较大风险。所以从长远来看，这种做法并不可取，也不具备推广价值。

在管理体制健全，风险评估到位，政策制定科学，措施执行得当的环境下，这种模式可以实现企业、政府、银行的三方共赢。企业通过互助担保，壮大了整体实力，大大提高了自身吸纳资金和抵御风险冲击的能力。由于质押风险主要由政府承担，银行则可在 25% ~30% 的基准利率下，收获可观的利益。地方政府通过牵头并推动产权质押融资工作，可大大增强本地区的科技与经济竞争力，吸引更多的资金和技术流入。在该模式下，由于政府充当担保角色，将质押融资的风险控制在一定范围内，调动银行主动、积极地为科技型中小企业提供贷款支持；政府将各部门联系在一起，通过财政补贴和提供融资服务来共同构建一个规范、有序、科学的外部环境。但由于政府专项拨款金额的限制，政府"关系型贷款"易滋生腐败问题，限制了在长期范围内知识产权质押融资的健康、有序发展。

浦东模式并不适合在全国推广。从实践角度考察，这种模式适用于政府资金实力雄厚，对所辖区企业资质掌握清楚，产业聚集的高新技术园区采用。在我国，并非所有城市都有这样的整体实力，并且不仅各地政府缺乏这样的实力，而且满足此种知识产权质押融资模式的企业也比较少，因为这要求政府对贷款企业有足够的了解，企业拥有符合条件的知识产权，企业发展存在"短、平、快"特点等诸多条件。从理论角度来考察，知识产权质押融资毕竟属于企业的市场行为，在初始阶段政府引导、协调甚至于适当支持是可以的，但从长远来看，市场主体的市场风险本不应当由政府买单；企业的市场行为，政府亦不能过多干预甚至参与其中，否则违背了市场经济的发展规律。

7.4　知识产权质押融资武汉模式中的风险共担机制

7.4.1　知识产权质押融资武汉模式简介

武汉模式是在借鉴北京和浦东模式经验的基础上推出的一种混合模式，它既包括知识产权直接质押融资模式，也包括间接质押贷款模式，即"银行＋科技担保公司＋专利权反担保"。武汉模式的特点是政府职能部门、金融机构和中介服务机构共同参与知识产权的质押融资过程。武汉市知识产权局与武汉市财政局共同合作，通过提供财政支持，补贴中小企业的贷款利息。在武汉模式中，作为武汉市科技投融资平台主体的是武汉科技担保有限公司，在整个过程发挥着关键作用。武汉科技担保有限公司在政府相关部门的鼓励与支持下，不断创新知识产权质押融资的范围，尝试以未上市公司的著作权、专利权等无形资产作为反担保来降低对科技型中小企业的反担保门槛。

2008 年 12 月，武汉市知识产权局与武汉市市财政局共同出台了《武汉市专利权质押贷款贴息管理暂行办法》，其中第二条规定：本办法所称专利质押贷款，指企业以专利权出质的形式向金融机构申请贷款，包括直接质押贷款和间接质押贷款等形式。所谓直接质押贷款，指企业通过专利权出质，直接与金融机构签订专利权质押贷款合同来获取贷款；间接质押贷款，指企业通过其他所有具备资格的单位（企业、担保公司等）提供担保，以专利权出质作为反担保来获得金融机构的担保。并且对专利权的质押贷款贴息做出相关规定，"专利权质押贷款贴息金额一般不高于企业以专利权出质所获贷款利息额的 30%，且一个企业的年贴息额度最高不超过20 万元"。

其中，间接融资模式在理念上的创新就是引入专业担保机构——武汉科技担保有限公司。武汉市知识产权局与武汉市财政局共同合作，对以专利权质押方式获得贷款的武汉市中小企业提供贴息支持，知识产权局负责对项目申请进行受理、审核以及立项，财政局负责对所立项目发放贴息资金，并和市知识产权局共同监督。武汉科技担保有限公司在武汉市科技局和知识产权局的要求和支持下，尝试以未上市公司的股权、应收账款、专利权、著作权等多种权利和无形资产作为反担保措施，其中以专利权质押的方式由尝试走向推广。

2007 年，武汉中新化工有限公司以 1 件发明专利权质押贷款 100 万元，成为武汉市专利权质押贷款的首个成功案例。2009 年年底，武汉汉口银行成立首家科技银行，市级政府和地区政府补贴 3000 万元，专为武汉市高科技型中小企业融资服务。2010 年，武汉市作为全国第三批的知识产权质押融资试点地区，自启动知识产权质押融资试点工作以来，市知识产权局、市政府金融办、人行武汉分行营管部、东湖高新区分别与交通银行、汉口银行、中信银行、招商银行、武汉农村商业银行等相关银行签署战略合作协议，设立了超过 120 亿元的知识产权质押融资授信。2012—2015 年每年都印发关于《武汉市高新技术产业化贷款贴息项目管理暂行办法》，引导企业争取和使用银行贷款，促进科技成果转化和高新技术产业化。截至 2015 年年底，武汉地区银行机构发放的知识产权质押融资额超过了 7 亿元，发展迅速，推动了科技型中小企业的质押融资业务向前发展。

7.4.2 以银行视角分析知识产权质押融资武汉模式风险共担与化解机制

商业银行的本质是企业规避风险追逐利润是其基本行为，由于科技型中小企业本身及其所质押的知识产权存在质量缺陷，尽管有评估机构出具的知识产权评估报告，但几乎大部分银行在是否接受评估结论、是否给予企业提供质押贷款上仍然心存疑虑，造成银行在推行知识产权质押贷款上态度不够积极。

在武汉的知识产权质押融资模式中，相关金融机构在专利权质押融资方面的表现还是颇为积极，如截至 2014 年年底，交通银行武汉分行目前已办理了 11 笔专利权间接质押贷款，而人民银行武汉分行也在尝试推出专利权直接质押贷款。在该模式的运作下，政府成立相关公司为质押融资业务提供便利，比如武汉科技投资公司代表科技型中小企业向银行申请授信额度，通过设立武汉科技担保有限公司，该公司在为政府推荐符合条件的企业时，还为其进行担保，成为风险承担的一方。

知识产权质押融资主要有三种模式：一是以知识产权的权利证书作为质押，科技型中小企业（债务人）或第三人将自有知识产权中的财产权设立质押，以其权利证书出质向银行贷款，如果到期债务人无法足额偿清债务或发生其他影响债权实现的情况，商业银行（债权人）依照合同约定处置知识产权，以其所得价款优先受偿。二是以知识产权授权的收益作为质押，不同于传统知识产权质押融资模式中将质押物直接锁定为知识产权权利本身，在知识产权授权收益质押融资模式中，科技型中小企业将知识产权许可收益权进行质押，即将该项知识产权授权许可给第三方使用并将许可收益权作为质押物向商业银行进行贷款。三是以知识产权换取信用增进服务，科技型中小企业以自有知识产权换取第三方的信用增进服务，从而获得商业银行的贷款。保证担保是最为常见的信用增进方式，法律未禁止的机构或个人均可提供保证担保，目前提供担保的第三方机构主要包括专业担保公司、信用增进机构、政府以及其他企业等。此外，商业保险公司也为科技型企业提供向商业银行贷款的保证保险服务。

从银行的角度来讲，承受着两种不同模式下的风险。在直接质押融资模式下，银行面临的风险较大，存在对该知识产权的价值评估不准确以及未来的适用性不明确的情况。在间接质押融资模式下，银行面临的风险较小。因为武汉市已设立了东湖国家自主创新示范区融资补贴风险补偿专项资金，用于对示范区内企业的信用评级补贴、信用贷款贴息奖励、信用贷款试点银行的信贷风险补偿、担保机构融资性担保业务补贴及风险补偿、创业投资企业投资奖励及风险补贴等。2013 年 8 月，中国人民银行武汉分行、中国保监会湖北监管局、武汉东湖新技术开发区联合印发《东湖国家自主创新示范区科技型企业贷款保证保险业务操作指引》，相应地，专项资金也应对保险公司的融资性保险业务进行补贴及相应的风险补偿。同时，基于评估担保一体化的知识产权质押融资业务的开展，也需要政府对评估担保公司的评估业务进行补贴，并逐步将这些政策扩散至示范区以外的武汉科技型中小企业。

武汉地区开展知识产权质押贷款的银行数量较少，参与度也较低，大多只认可已经投放市场的专利权作为质押标的物，而鲜少涉及注册商标权以及著作权；国有商业银行中，只有中国农业银行开展了此项业务，限制了科技型中小企业利用自身知识产权进行融资。2009 年，武汉昱升光器件有限公司的知识产权质押贷款中，在武汉市知识产权局推介下，交通银行湖北省分行经过对昱升光器件公司拥有的 6 项专利的价值进行捆绑评估，其专利的市场价值为 4545 万元，交通银行湖北省分行按照知识产权评估价值 10% ~25% 放款 1000 万元给武汉昱升光器件有限公司，占其专利市场价值的 22%，利息按基准利率计算，市知识产权局还给予贴息。

7.4.3　以政府视角分析知识产权质押融资武汉模式风险共担与化解机制

知识产权质押融资武汉模式，一方面，与北京模式一样注重发挥政府的引导、协调作用和一定程度的贴息政策的支持。《武汉市专利权质押贷款操作指引》特别强调武汉市知识产权局可应借贷双方的要求，在查询专利权档案材料、办理专利权质押登记、了解专利有关事务与政策、出质转让质押的专利权等方面提供服务，从而定位好了政府的角色。另一方面，武汉模式的风险化解机制注意了"市场化"倾向。知识产权质押融资产生的风险并非让政府承担，引进专业的市场主体——科技担保公司来分担知识产权质押风险，出质企业提供反担保，吸收了上海浦东模式间接质押融资的优点。

武汉市知识产权局与武汉市财政局共同合作，对以专利权质押方式获得贷款的武汉市中小企业提供贴息支持，知识产权局负责对项目申请进行受理、审核及立项，财政局负责对所立项目发放贴息资金，并和市知识产权局共同监督，各主管部门发挥了"服务型政府"的相关职能，并且在具体职能上做了一定科学合理的分工。

在武汉模式中，武汉市知识产权局与武汉市财政局共同合作，对以专利权质押方式获得贷款的武汉市中小企业提供贴息支持，对符合要求的借款企业补贴获得知识产权质押贷款的利息，贴息比例最高为企业应支付贷款利息额的50%，贴息额度最高为20万元。武汉市专利权质押贷款贴息专项资金是由市级财政预算安排，从武汉市专利资助资金中设立，以支持武汉市企业申请专利权质押贷款。

其中，武汉市知识产权局负责对专利权质押贷款贴息项目申请的受理、审核、立项；武汉市财政局负责对所立项目发放贴息资金，并和市知识产权局共同监督、检查贴息资金使用情况。主要引入的中介机构是武汉科技担保有限公司，该公司作为武汉市科技投融资平台的主体企业，为了降低对科技型中小企业的反担保门槛，在武汉市科技局和知识产权局的要求与支持下，正在尝试以专利权、著作权作为质押物，以企业的股权、应收账款等及无形资产作为反担保推进知识产权质押融资业务的开展。

武汉市通过加大对专利权质押贷款贴息的扶持力度，产生放大效应，进一步引导金融机构对知识产权项目的投入，切实有效地解决了拥有自主知识产权企业资金短缺、融资难的困境。行之有效的激励政策在较大程度上也推动了企业加大对研发的投入，增强了企业的自主创新能力和核心竞争力，形成一批拥有自主知识产权的产业和核心企业，有力地推进了武汉国家中心城市的建设。

7.5　本章小结

知识产权质押融资与传统银行借贷业务相比，风险明显加大。因为在整个业务过程中，知识产权质押融资的风险存在于质押融资过程中的每个环节，因此涉及的政府、银行、中介机构等都承担着不同程度的风险，因此，建立多方的风险分担机制是非常重要的。本章介绍了风险分担机制的类型，并且详细分析了我国最常见的三种知识产权质押融资典型模式的风险共担与化解机制。

第八章 基于集群信用互助和保证资产价格收购的风险共担机制

8.1 基于中小企业集群信用互助的知识产权质押融资的风险共担机制

中小企业融资是一个世界性的难题，信用担保是目前世界各国为解决该难题所普遍采用的一种金融支持模式。中国的信用担保体系建设从 1992 年开始试点，之后逐渐建立了以政策性担保为主、商业性担保和企业互助担保为辅的"一体两翼"型的中小企业信用担保体系。然而，在实践过程中发现，不仅政策性担保与商业性担保难以共存，"一体两翼"的担保体系难以建立，而且，由于每个城市的特点不同，所以建立的信用担保体系不尽相同。在"十二五"小企业成长规划中，明确提出了"把促进中小企业积聚发展作为着力点，全面落实支持中小企业发展的金融政策，重点加强和改善中小企业金融服务"的发展目标。可见，中小企业集群将成为中小企业发展壮大的方向，以中小企业集群发展推动区域经济增长，将成为我国各级政府制定产业政策时必须考量的重要因素。2008 年国务院下发了《国家知识产权战略纲要》，其中首次提出了"知识产权资本化"战略，要求"引导企业采取知识产权转让、许可、质押等方式实现知识产权的市场价值"。随后，多个省市开始着手落实相关政策，如天津提出的"知识产权会员担保＋保险"模式，湖南汨罗的"知识产权会员互保、反担保"模式，上海浦东的"知识产权信用互助"模式等，但是实际运行效果不是很理想。

理论与实践不断发展的背景下，2014 年国务院再次下发了《深入实施国家知识产权战略行动计划（2014—2020年）》（国办发〔2014〕64号），提出"在产业集群区推行知识产权集群管理，鼓励商业银行开发知识产权融资服务产品，引导企业拓展知识产权质押融资范围"等重要战略。目前，招商银行、平安银行等业界代表纷纷付诸行动，针对知识产权开发了"质押贷""供应链担保贷"等创新金融产品，他们均强调借助商业、园区、产业等不同层次创新网络的集群协同主体的互助担保模式来规避风险，实际工作过程中也取得了良好的效果。

8.1.1　产业集群与集群信用互助中小企业融资

中小企业集群融资是伴随着中小企业集群这一新型组织结构形式的发展而逐步形成的一类特殊的中小企业融资体系及其运行机制的总和，它不是一种单纯意义上的融资手段，而是中小企业在中小企业集群的背景下各种融资方式和融资渠道的综合。Poter的产业集群理论认为：处于特定产业领域、地理上靠近的相互联系公司和关联机构，由于共性和互补性联系与合作，将获得产业竞争优势。他还指出：产业集群由区域内的企业群、政府、金融机构、中介、大学及研究机构5大主体构成，它们由集聚构成关联关系、制度和协会，通过专业化生产要素优化、环境支持实现资源互补，以降低信息流和物流成本，并获得额外的专业分工效率的利润，以集聚、规模、区域效应推动区域经济的发展。产业集群不仅表现为一种基于专业分工上的经济形态，也体现各种关系构成的复杂、多重网络。

集群信用互助的着力点是依托产业集群开启知识产权的外部价值，从产业集群视角看，知识产权信用互助融资反映的是一个系统化风险与市场盈利能力的体系，在该体系中，中小企业作为融资主体之一，其融资行为打破了企业单独与投资者交易的传统方式，而是通过建立合作性融资组织，将各自的信用资源重新整合，从而使企业在获得资金的能力和成本方面都具有竞争优势和规模优势，克服了中小企业个体信用资产不足等融资难的本质问题，有利于综合判断企业资信水平，提高融资能力。

8.1.2　知识产权集群信用互助担保的特征

（1）独特的社会网络信用

知识产权集群互助担保网络中的主体。会更倾向于处于同一社会网络的其他成员，因为同社会网络的信息对称度更高，这在一定程度上增加了各成员对知识产权集群互助担保网络的依赖性。同时，知识产权集群互助担保成员间的合作经历、声誉及信用状况，以及第三方评价和信任都会影响到未来的投融资合作。网络中所有成员受直接和间接、内部和外部、横向和纵向、群体和个体等多重网络关系的影响和监督，不可避免地受到其他成员影响，从而衍生出一种独特的声誉机制，尤其是在同一关系网中出现恶意欺诈行为时，受损方将得到更多同情，而欺诈方将可能受到其他成员的质疑、惩罚。

（2）多主体参与

知识产权集群信用互助担保融资模式广义上包含了中小企业所有相关的企业和组织，其成员可以有以下几类：①各类中小企业和其知识产权满足生产需求的上下游企业及技术、知识互补企业；②大学、科研院所等科技研发机构；③政策性银行、商业银行、投资银行、担保公司、小额贷款公司、风险投资机构和其他各种类型的投资基金等金融机构；④行业协会、企业协会、政府等非营利性组织；⑤会计师事务所、律师事务所、咨询公司、数据公司等中介机构；⑥科学团队、个人、地域种族、文化信仰等其他组织和机构。知识产权集群信用互助担保主体的多层次性和多样性扩大了合作伙伴的选择范围，为有前景的知识产权项目和企业提供了更多的投融资机会及稳定的资金来源和收益。

（3）高风险

首先，知识产权集群信用互助担保模式的融资主体一般是高新中小企业，它们的典型特征是知识产权技术和知识不稳定、市场前景不明朗、企业内部管理制度不健全、项目盈利能力不确定，同时资金需求急、使用周期长等，这些因素都决定了高新中小企业的贷款具有极高的风险。因此，在知识产权集群互助担保网络构建的投融资上，即使是有诱惑力的集群产业链融资结构，也要考虑其承担的巨大风险；其次，由于技术、知识（含隐性和显性的知识产权）和资本的无形性而使得知识产权集群互助担保网络可以没有地域的约束，随着投融资活动的地域及行业扩散，合作双方面对面、"一对一"的交流机会将减少，建立和维持信任需要更长时间和更高成本；最后，这种融资模式还可能有诸如初次合作信息核实、突发事件的信任破坏等各种不确定因素影响，导致融资风险加大。

（4）长期、稳定的合作预期

短期、松散的合作难以抵消知识产权集群信用互助担保融资的高风险性，只有确立未来总收益最大化的目标，建立长期、稳定的合作预期，在合作中逐步降低交易费用、提高合作效率，运用交易成本和效率的边际效应对冲高风险，并极力扩大并维护自己的关系网，获得更多的投融资合作机会才是最明智的决策，这样也无形之中营造了一种长期、稳定的诚信合作氛围。

8.1.3　知识产权信用互助的信用重新分配过程

产业集群体现了一种创新层次网络关系，它由内部核心网络层、外部集群支持环境层组成。核心网络包括上下游企业和行业互补企业，外部集群支持环境则由政府、中介、大学等研究机构和金融机构等行动主体组成。集群各主体都希望传递出一定的信息，通常表现为对创新要素的需求或者成本降低的要求等。在产业集群的四条交流路径（个体间交流、个体与产业链交流、个体与集群外部环境交流、整体开放式交流）刺激下，具有战略眼光的科技型中小企业将趋于进行技术创新以获得区域专业分工的竞争优势，同时产业集群又反哺科技型中小企业，在科技型中小企业、行业互补企业及上下游企业间重新进行信用分配，最终实现共同发展，见图8－1。

8.1.4　集群信用互助的知识产权质押融资模式

《中小企业促进法》第二十一条指出"国家鼓励中小企业依法开展多种形式的互助性融资担保"，这也是发展知识产权集群互助担保的法律依据。目前，国内外的企业贷款担保模式可以分为政策型担保、第三方商业担保和企业互助担保等，现实中则更多的是各种模式的组合。关于中小企

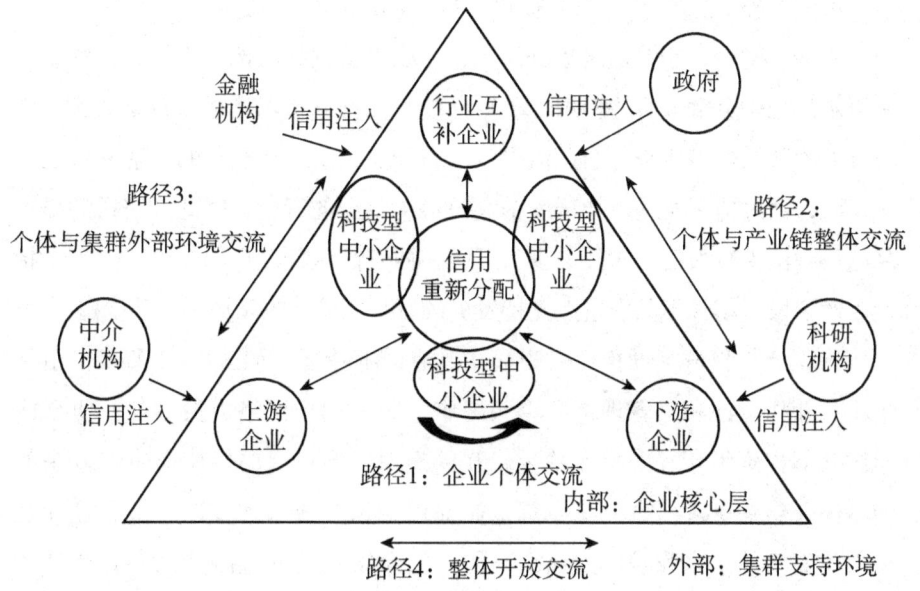

图 8-1　集群视角下构建知识产权信用互助团体的信用分配过程

业集群信用互助的知识产权质押融资模式以上海为首选。2008 年年底，浦东新区顺应广大科技型中小企业的呼吁，决定设立科技企业信用互助专项资金，政府（50%）、企业群体（40%）和银行（10%）共同承担风险，通过有效的组织和贴近的服务，极力提高企业的信用水平，帮助科技型中小企业获得商业银行的贷款。在这项政策中，企业以缴纳互助金（20 万 ~100 万元）的形式分担互助融资风险，中心以信用互助专项资金为依托，帮助企业获得不超过互助金五倍额度（100 万 ~500 万元）的贷款支持，企业负担的总成本约为贷款总额的 7% ~8%。企业可以根据生产经营的计划和需要，按需获得授信，并通过追加互助金的形式获得持续、快速、便捷的贷款支持。但是，集群信用互助融资模式也存在一定约束，只有在集群内中小金融机构拥有投资份额的中小企业，才有资格获得贷款，当其需要资金时，向集群内中小金融机构提出申请，中小金融机构相关部门对其信用情况和抵押担保情况进行审查，通过审查的企业最多可获得其出资额 5 倍的贷款，贷款利息不得高于同水平的银行贷款利率。贷款到期，如果中小企业无法足额偿还贷款，将用其在金融机构的投资份额偿付，同时取消其股东资格，其余部分由其提供的抵押品或担保人偿付。

实践过程中，企业通过集群信用互助取得贷款的案例并不多，台资企业施迈尔公司受金融危机的影响，2009 年新产品开拓市场遭遇了资金瓶颈，中心服务团队根据多年来对企业信用、产品开发、生产和经营的了解和现场多次调研，通过信用互助政策帮助企业获得了急需的资金，因此，公司的新产品已得到国内最大的高压开关设备厂——西安高压开关厂的认可，进入了批量生产阶段，填补了国内重点支持发展的超高压输变电领域的一项空白。

知识产权集群互助担保融资模式具有以下特征，如图 8 - 2 所示：由某中小产业协会或相关管理部门牵头组织；集群创新网络成员参与；协会或组织共同出资组建互助担保基金或互助担保公司；专门机构提供专业服务的一体化组织管理；由成员申贷企业提供知识产权质押，以申贷企业和互助单位真实的未来收益作为还款来源，配合银行短期金融产品和封闭贷款操作进行单笔或额度授信担保融资。这种模式有利于提升集群整体的信用氛围，有效提高特定区域、特定行业的整体信用水平，改善产业链融资环境，帮助企业依托长期的良好信用获得高效便捷的贷款支持。

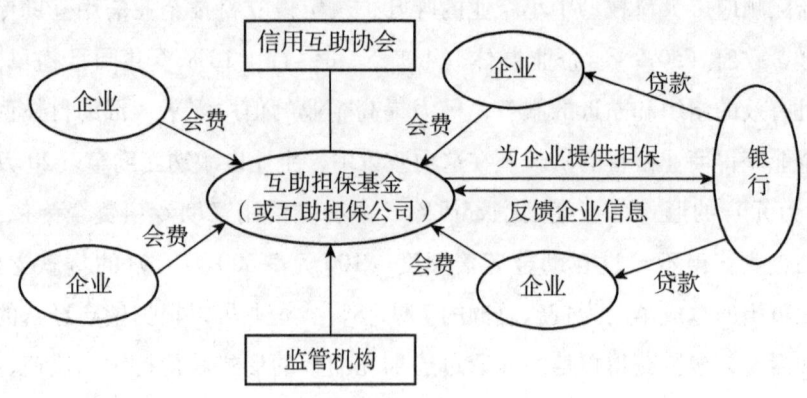

图 8 - 2　中小企业集群信用互助担保融资模式

8.1.5　基于集群信用互助的知识产权质押融资风险共担机制评析

中小企业集群融资信用的互助模式，克服了单一中小企业的融资难题，产生了一种根植于集群内部的融资机制，即所谓"集群融资"，利用企业集群在地域上的"根植性"，减少了企业的违约率，增大了企业的守信度，降低了银行的信贷风险。同时，集群内的信息积聚与扩散效应使金融机构在搜集信息的过程中，产生规模效益，节约信息收集成本，减少信息不对称，从而降低了银行的交易成本，使融资获得规模效应，风险以及成本的降低使得贷款在一定程度上成功率升高，缓解了中小企业的融资难题。但是，我们也应看到这种融资模式的局限性，首先，由于互助担保基金的收入资源有限、结构单一，且缺乏风险补偿机制等困难，当集群内中小企业同时出现较大资金需求时，就不能得到满足，而需要另寻其他的融资途径，而这些是单靠互助担保机构或企业集群本身所无法解决的，因此，区域政府作为市场调节中"看得见的手"，应当通过制定规则、提供恰当的补贴、提供监管等方式，参与规范区域信用体系与制度建设，以及在对违约后的司法惩戒方面发挥作用，积极引导和扶助互助担保机构的健康发展；其次，集群内部各机构应由大量的企业主或相关人员组成，因为只有他们的参与才能真正降低监督成本，完全的外来商业性机构并不适应于本模式，并且机构之间过于独立的关系也不利于整体协同效应发挥，因此，对集群结构的构成提出了很高的要求；最后，有法可依是信用担保业得以顺利发展的重要保证，无论是开展集群信用互助融资的地区还是即将开展该业务的地区，都应当充分结合各地实际情况，制定相应的地方实施细则，明确政府、金融机构、中小企业等各方的权利与义务，从而更好地服务于中小企业的资金需求。

8.2 基于保证资产价格收购的知识产权质押融资的风险共担机制

8.2.1 保证资产价格收购机制

M－CAM公司为1997年由Mosaic Technologies独立出来的知识产权管理服务公司，这家公司主要提供的服务是专利搜寻与检索的技术和数据库，方便发明人透过数据库搜寻与其发明领域近似的专利权或相关技术，进而掌握与其发明相关的专利申请与应用情况。"保证资产收购价格"机制是 M－CAM 公司在 2000 年所发展的一种新的融资模式，不过并不是直接由 M－CAM 提供资金，而是由 M－CAM 提供的一种基于信用强化的新型融资担保模式，需要融资的知识产权企业可以以其所拥有的专利权向金融机构寻求融资，同时利用 CAPP 给予提供贷款的融资机构一种权利，将用作质押担保的专利权在将来可以用预定的价格出售给 M－CAM，这其实就等于由 M－CAM 对融资机构做出当专利权质押人届期未清偿其债务时，由 M－CAM 以约定的价格购买作为质押标的的专利权的承诺，这样就可以免除一旦知识产权企业不能偿还借款时，融资机构拍卖担保物所面临的市场风险。经 M－CAM 认证的无形资产符合美国、亚洲和欧洲等银行贷款标准和融资需求，是唯一连接全球无形资产金融创新与信贷市场的工具。

　　CAPP 的实质就是由 M－CAM 公司对中小企业所提供的知识产权给予信用加强，而非帮助不能还款的企业清偿融资债务，如图 8－3 所示。在这种信用加强机制之下，融资者因为担保物的交易市场风险大幅降低，愿意以知识产权作为担保向企业提供融资，同时由于收购的价格事先固定，也有助于提高融资者最后提供贷款的成数，使中小企业能够利用知识产权融资担保获取最大的利益。

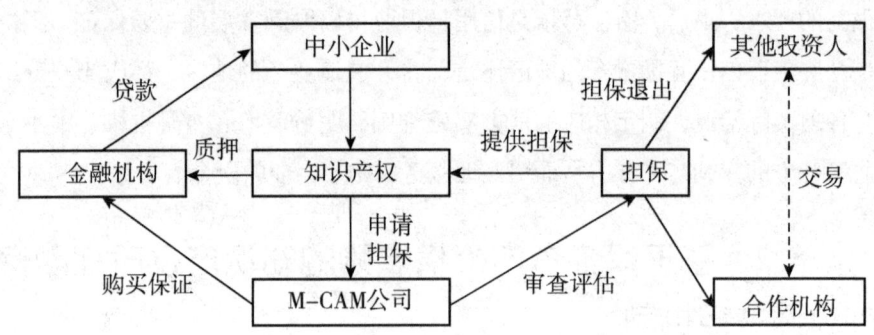

图 8－3　基于 CAPP 的 IP 融资担保模式

8.2.2　保证资产收购价格机制的特点

（1）知识产权范围较广

国内可用于抵押融资的知识产权一般只包括商标专用权、专利权、著作权中的财产权，而 CAPP 界定的无形资产范围较广，包括专利、版权、商标、勘探权、航空权、源代码、长期服务协议、许可权等，从而扩大了中小企业知识产权质押、融资、交易的范围。

（2）担保融资金额大，期限长

CAPP 为指定的无形资产或知识产权提供最长 5 年担保融资，最大融资额 500 万美元，保证资产收购价格至多达融资全额的 75%。从担保期限和金额上，甚至超过了有形资产抵押融资条件，一定程度上能够保证中小知识型、科技型、服务型企业创业初期对资金的需求。

（3）抵押物增强与违约保障

对于银行金融机构来说，抵押信用物增强功能为融资方提供了投资及资本监管和救济选项，金融机构在将来中小企业无法归还贷款收回知识产权的基础上，可以通过 M－CAM 的无形资产承销平台，用预定的价格将知识产权售予 M－CAM 公司，融资风险对银行或金融公司每股权益不会产生影响。

（4）风险分级与实时监控

一旦可接受的无形资产质押品融资金额已经确定，依据信贷金额及无形资产性能和品质，实施三级风险评价体系，确定风险要素及权重，对风险进行分类管理、控制与处置，从而提高风险监管的效率，降低监管成本。

CAPP 与质押、信托融资相比，无论在知识产权范围，还是在融资金额和成本上，都具有较强的优势，如表 8－1 所示。

表 8－1　知识产权融资形式比较

序号	形式	知识产权范围	融资金额	融资成本	融资年限
1	质押	发明、专利、实用新型、商标	≤估计的 30%	≤估计的 20%	1～2 年
2	信托	专利、版权、商标	≤估计的 75%	≤估计的 20%	2～5 年
3	CAPP	专利、版权、商标、勘探权、航空权、源代码、长期服务协议、许可等	≤估计的 75%	≤股价的 10%	≤5 年

资料来源：2013 年 M－CAM 公司数据。

8.2.3 基于保证资产价格收购机制的知识产权质押融资模式

保证资产收购价格机制是指当企业向金融机构提出知识产权质押融资请求时，担保机构或者企业联盟向银信机构做出承诺，保证知识产权质押合同到期时，如债务人不能完全偿债，而发生知识产权质押融资的银信机构将质押标的物的知识产权变现有困难，该担保机构或者企业联盟可以用事先承诺的价格收购作为质押标的物的知识产权。

这种机制对企业所提供的知识产权给予信用加强，由担保机构或者企业联盟对银信机构做出了到期购买的保证和价格的承诺，可以免除当债务人不能偿还借款时，银信机构处置知识产权面临的变现风险。但是，与信用担保机制不同的是，它不承担清偿融资债务的补偿担保责任，而是给质押的知识产权信用加强。以湘潭市为例，目前湘潭市先进矿山装备制造产业联盟中有 160 余家企业，其中有平安电气、恒欣实业、湘电重装等龙头企业，但更多的是中小企业，在开展知识产权质押融资的过程中，该产业联盟向交通银行等银信机构做出承诺，保证知识产权质押合同到期时，按评估价值的 30% 收购作为质押标的物的知识产权。该模式有利于资金需求企业的融资，同时减少了银行等金融机构的出贷风险，实现了银企间的"互利共赢"。

8.2.4 基于保证资产价格收购的知识产权质押融资风险共担机制评析

CAPP 作为民间中介机构知识产权质押融资的主要形式，弥补了美国小型企业局（SBA）在功能和资金上的不足，是一种完全商业化的知识产权融资担保模式。这种模式较以知识产权本身和授权收益做担保两种模式而言，更具可行性和操作性。

但是，以下几方面增加了保证价格机制实施的难度，首先，CAPP 为无形资产质押融资提供担保，如贷款人到期不履行还款义务或拖欠，M – CAM 是无法获得政府的经济支持，因此，M – CAM 需要全部或部分承担或补偿放贷人损失，使得申请 CAPP 担保的企业必须信用良好，知识产权质量较高，方可进行质押融资，这样会因为融资金额大、周期长以及风险自担和有限转移，使得知识产权评审程序更加严格、要求更高，相对于美国小型企业局 20% 的担保通过率而言，CAPP 的通过率更低，这对于创业初期的中小科技型、创意型企业来说，无形中提高了知识产权融资的门槛。

其次，知识产权担保管理需要考虑的变量、因素和条件较多，这就需要 CAPP 机构直接和间接的参与到企业知识产权融资担保的各个环节，跟踪和掌握知识产权申请、推广与应用情况，识别、分析、控制各风险要素，进行风险分级管理，制订风险应对措施与方案。参与式管理是为了保证担保公司和融资机构的利益，但这种过度的参与势必会影响中小企业的日常管理与决策活动，当目标不一致时，必然会产生冲突而受到中小企业的抵制。此外，由于影响因素的不确定、行业的差异性等，增加了担保企业参与管理难度。商业性担保机构为降低风险，必然提高担保门槛，从而制约知识产权融资规模。

最后，由于 M - CAM 开展 IP 融资担保是自主经营、自负盈亏，担保资金主要来源于自有资金和借贷资金，以盈利为目的是商业化的特征之一。因而，垄断型、资源型、高新技术型的知识产权受到 CAPP 青睐，这种知识产权风险小、收益好、壁垒性高，容易获取 M - CAM 融资担保。由于商业担保的逐利性，势必影响国家政策的发挥和导向作用，无法真正满足中小知识型、科技型企业长期发展对资金的需求。因此，从 CAPP 的功能来看，并不具有国家政策引导功能，只能是政府担保的补充形式，而且，CAPP 这种担保模式是建立在 M - CAM 公司对相关专利权的市场价值及其所面临的市场风险都有精确认识的基础之上的。我国拥有这样能力的知识产权服务公司还很少，所以 CAPP 模式的推广还需要假以时日。

8.3　本章小结

中小企业集群信用互助和保证资产价格收购机制是国内外知识产权质

押融资实践中被企业采纳的两种风险共担机制。本章介绍了这两种风险分担机制的原理、实施办法以及风险化解过程。与第七章三种典型的知识产权质押融资模式相比而言，本章的两种风险共担机制更贴近市场化运作，也具有更好的推广价值。

第九章　结论、建议与展望

9.1　研究结论

本书从知识产权质押融资系统视角出发，基于相关基础理论，构建了基于第三方风险监控平台的知识产权质押融资模式，揭示了知识产权质押融资风险的形成机理，提出了甄选融资企业阶段的知识产权质押融资风险的静态评价方法，以及放贷后监控融资企业风险的动态预警方法。基于以上理论，进行了针对性的实证研究，主要研究结论如下。

（1）揭示知识产权质押融资风险的形成机理

知识产权质押融资业务是由多方参与主体构成的复杂运行系统，影响风险的因素存在于各参与主体内部及参与主体之间，某一影响因素可能会引起多种风险，风险又会随着知识产权质押融资过程的不断推进而进行传递，整个系统处于非线性的多变量、动态复杂的状态。本书从系统性视角深入分析质押融资风险的各种影响因素，依据所有影响因素导致风险产生的后果异同，将风险归纳为 5 类，构成质押融资风险的 5 个风险子系统：政府与产业风险、信用风险、知识产权自身风险、操作风险和主体间关系风险。运用系统动力学定性分析方法刻画知识产权质押融资风险的传导路径，揭示了知识产权质押融资风险的形成机理。结果表明，与外部影响因素相比，融资企业的信用风险、第三方风险动态监控平台、知识产权自身风险、监控平台和银行等金融机构的资格审批风险以及主体间关系风险等内部因素是产生风险的重要因素；同时任何影响子系统风险增加的因素被激活或者被强化，则该因素对风险的作用将通过子系统风险的增加传导到知识产权质押融资系统，从而增加整个系统的风险。

（2）引入模糊决策的知识产权质押融资风险静态评价方法

在研读文献、与相关人员座谈以及文章前述风险影响因素分析的基础上，从系统性视角构建了包括5大类16个维度38个具体指标的知识产权质押融资风险静态评价指标体系，并运用层次分析法对各层级评价指标的权重予以赋值。鉴于知识产权质押融资体系是一个多方面、多层次、复杂的运行系统，在对风险评价时难以用精确分值来量化各种数据信息以及决策专家的评判效用值，本书选择以 Vague 集的参数形式表达模糊概念的评判结果，采用 TOPSIS 多属性决策方法对知识产权质押融资风险进行评价。以5家知识产权质押融资企业为研究样本，以知识产权质押融资风险评价指标体系为基础，将定量指标和定性指标以 Vague 集的形式表示，构造 Vague 集的评判矩阵，确定正、负理想解；通过计算不同的样本公司到正、负理想解的欧式距离，得出每一个方案距离正理想解的相对贴近程度并进行了优劣排序，并对评价结果进行了简要的分析。算例结果表明，基于 Vague 集的 TOPSIS 方法对知识产权质押融资风险能够进行有效的静态评价，为选择融资企业提供了一种新的风险评价方法。

（3）提出基于 Kalman 滤波的知识产权质押融资动态风险监控和预警

提出对放贷后融资企业的动态风险进行监控和预警，并引入基于 Kalman 滤波的知识产权质押融资动态风险预警模型的新方法，为研究质押融资风险预警拓展了新视角。银行等金融机构发放贷款后，质押融资风险的核心转移为贷款到期后融资企业能否按时偿还。融资企业的经营活动处于不断发展变化的状态，依据知识产权质押融资风险的形成路径可知，知识产权质押融资风险的整体水平也将随之变化。根据融资风险具有渐进性和累积性的特征，选取中小板上市公司为样本，依据 2013—2016 年的半年报财务状况将88家样本公司分为健康型公司、轻度风险型公司和重度风险型公司三类。从21个财务数据中提取15个主成分由其特征值与贡献率重新构造样本公司的财务状况表，并在95%置信度下确定公司风险由健康到轻度、由轻度到重度的预警阈值分割点。通过滤波模型得到公司融资风险的预测值，与观测的真实值进行拟合比较，刻画各样本公司质押融资风险预警的动态曲线趋势图，实现风险预警的可视化。从动态曲线趋势图中可以判断该公司融资风险所处的风险区域是暂时的还是具有持续性的，并且能够观察到公司由轻度融资风险转向重度融资风险具体发生在哪一个时点，这些特殊转折点的财务状况可以为进一步研究融资风险提供更有针对性的有价值的信息。本书进一步从预测值与实际值的拟合精度、公司风险类型识别精度等角度对模型的预警精度进行了检验，检验结果 A 类错误误判率为 9.4%，B 类错误误判率为 12.5%，模型整体的识别准确率为 89.1%。实证结果表明基于 Kalman 滤波的动态预警模型对公司融资风险的变动具有良好的预警功能，该方法在其他动态风险预警领域中具有推广和参考价值。

9.2　建议

国外知识产权质押融资业务为科技型中小企业的发展提供了巨额资金，各参与主体也获得了巨大的经济效益和社会效益。我国正处在"大众创业、万众创新"的科技创新新时代，知识产权的申请量和授权量均居世界首位，知识产权质押融资业务存在巨大的需求市场，质押融资模式创新和风险管理是推进质押融资业务的关键。结合本书对知识产权质押融资模式及其风险的研究，提出以下几点建议。

（1）提升融资企业知识产权的全方位管理

提升融资企业的质押融资能力是降低知识产权质押融资风险的基石。我国科技型中小企业发展起步较晚，企业在知识产权方面的管理和财务信息披露等的建设尚未规范化，从而增加了知识产权质押融资的风险。融资企业首先需要增强知识产权软实力，提供质量过硬的研发技术，提高知识产权在实践应用中的产出效率，合法拥有知识产权的实用价值，实现市场占有最大化和价值最大化，降低知识产权作为质押物的自身风险；其次，培养企业的知识产权保护、运营和管理意识。随着知识产权数量的增加及其价值的提升，企业应该设置专门的知识产权管理机构，强化知识产权保护与管理，提高科技人员和管理人员的综合素质，减少潜在的侵权风险，提升知识产权的质押融资能力；最后，企业应恪守商业诚信，提高并维护企业的信誉度，加强自身的制度规范化建设和管理现代化，提高对外信息的透明度，避免因企业经营风险而导致的知识产权质押融资风险出现。

（2）积极推进第三方动态风险监控平台的质押融资创新模式

长远来看，以市场为主导的知识产权质押融资模式是未来发展的方向。当前，政府应该精选一批高质量的知识产权运营机构，尽快成立第三方动态风险监控平台，发挥平台的作用，积极营造融资企业、银行等金融机构与中介机构等多方主体参与的稳定合作博弈关系，在市场自我调节的作用下，逐步形成风险共担、收益共享的知识产权质押融资运行机制。第三方动态风险监控平台收集、整理和积累有效的知识产权质押融资交易信息，建立知识产权质押融资相关数据库及资源共享机制，严格参与主体的准入条件，逐步优化参与主体的资源数据库以及知识产权交易资源数据库，建立畅通的质押知识产权处置渠道，解除金融机构和中介机构知识产权处置的后顾之忧，改变其对知识产权质押融资风险的谨慎态度，形成良性循环的知识产权质押融资运营环境。

（3）探索知识产权质押融资风险预警机制

实现知识产权质押融资业务的持续发展，必须建立完善的风险预警机制。在知识产权质押融资创新模式中，第三方动态风险监控平台作为预警的主体，其利益和风险与质押融资的风险息息相关，因而能够客观地对风险进行预警。但知识产权质押融资风险预警的研究毕竟尚处于探索阶段，建立符合科技型中小企业质押融资风险特点的预警评价指标体系，选择预警方法及构建科学合理的预警模型，还需要进行深入的理论研究和实证检验。随着知识产权质押融资业务的推广和发展，融资风险管理模式将愈加成熟，风险预警管理也将越来越系统化和规范化。

（4）构建完善的知识产权质押融资服务体系

我国处于知识产权质押融资业务发展的初期阶段，政府应该合理定位在知识产权质押融资业务中的角色和作用，可以借鉴日本政府和美国政府的一些做法，建立和完善知识产权质押融资的信用担保机制和补偿机制，规范知识产权价值评估体系，发挥知识产权交易中心的作用，强化对知识产权交易信息的管理，探索由政府牵头、科技型中小企业自愿参与的风险准备金制度，作为科技型中小企业提供风险补偿的资金池，促进金融机构和产业运营基金、风险投资资本采用投贷联动的方式降低质押融资风险，逐渐建立公平的风险分担机制，构建完善的知识产权质押融资服务体系。

（5）培养高精尖知识产权运营人才

知识产权质押融资过程中，无论是知识产权价值的评估、知识产权权属的界定，还是知识产权持有过程中价值的变动以及知识产权变现等，均离不开知识产权专业人才。而当前我国知识产权专业人才尤其是复合型知识产权专业人才的供给严重不足。政府应该出台相关引导政策，积极拓展具有行业、专业特色的知识产权人才培训渠道，培养或者引进一批懂专业、懂经营、懂法律、懂金融的高端复合型知识产权经理人和知识产权评估人，对于降低知识产权质押融资风险、推进知识产权质押融资业务具有积极的推动作用。

9.3　研究局限与工作展望

知识产权质押融资工作在我国推广时间还比较短，虽然本书中对知识产权质押融资模式、融资风险的形成机理、风险静态评价和风险动态预警展开了系统、全面深入研究，但鉴于研究样本数据获取和研究时间等其他条件的限制，对一些不足之处值得后续探讨研究。本书的局限性及下一步需要深入研究的内容主要有以下几个方面。

（1）知识产权质押融资风险形成机理进一步定量化分析

本书从系统论视角对质押融资风险进行了分类，运用系统动力学刻画知识产权质押融资风险因果关系图并定性描述风险形成机理。后期的研究应聚焦于通过社会调查、座谈和发放问卷的形式收集、整理、获取相关数据，构建系统动力学定量模型或者采用结构方程模型，进行深入的量化分析研究，能够更清晰地验证不同风险影响因素对知识产权质押融资风险的影响程度，以便对风险进行更好的防控。

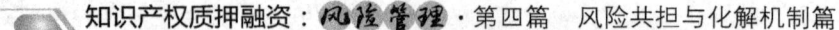

（2）放贷后动态风险预警评价指标需进一步完善

本书受限于数据资料的获取性，仅采用了财务数据指标，从而限制了研究成果的应用范围。如果能够引入非财务指标，如公司治理、员工素质等，预警结果则更有助于融资企业优化资源配置，提高经营管理质量，从而提升预警结果的社会效用，这也是未来需要研究的一个课题。

（3）放贷后动态风险预警方法需进一步丰富化

本书在动态预警模型中仅引入了 Kalman 滤波模型对质押风险进行监控和预警的方法，为了进一步提高预测的精度和效率，后续研究工作中可以尝试将 Kalman 滤波算法与其他经典预警模型相结合，如神经网络模型等，并且选取更大样本量和更长时间序列数据进行实证研究。

附　录

附 录 1

附表1　T-6期备选财务指标的描述性统计

财务指标	均值	标准差	极大值	极小值
X_1	3.077473	5.3666734	48.1690	0.5579
X_2	2.566553	5.2720853	47.3693	0.2846
X_3	0.388072	0.1909948	0.8477	0.0198
X_4	1.579207	4.7121326	42.9715	0.0784
X_5	1.825997	6.3820952	41.4845	-0.8115
X_6	0.969651	0.1729628	1.2513	0.4879
X_7	0.076453	0.1541137	0.5728	-0.5770
X_8	0.274656	2.5879074	4.2326	-21.2766
X_9	0.044836	0.1450886	0.2857	-0.6149
X_{10}	0.053820	0.0718533	0.2441	-0.2705
X_{11}	0.038213	0.0708581	0.2358	-0.2941
X_{12}	0.061644	0.1622048	0.5232	-0.7100
X_{13}	19.743564	69.1598961	540.1537	1.1409
X_{14}	5.422614	7.5894935	64.8784	0.2078
X_{15}	0.658340	0.3752073	2.0530	0.1163
X_{16}	-0.919767	4.4173438	3.6050	-32.8000
X_{17}	0.136710	0.2454976	0.9960	-0.4119
X_{18}	0.096760	0.3560618	2.8633	-0.5138
X_{19}	0.175468	0.1226685	0.5458	-0.2493
X_{20}	0.045428	0.0580131	0.5155	0.0009
X_{21}	0.176068	0.1529317	0.7000	0.0039

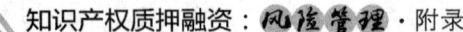

附表2 T-5期备选财务指标的描述性统计

财务指标	均值	标准差	极大值	极小值
X_1	2.658050	3.2041029	24.2177	0.4414
X_2	2.144618	3.0763180	23.6182	0.1927
X_3	0.399123	0.1957908	0.9170	0.0344
X_4	1.120220	2.5814943	20.7181	0.0287
X_5	0.572585	3.3721971	28.9025	-4.4287
X_6	0.989700	0.2085792	1.5625	0.3754
X_7	0.017199	0.2796499	0.4458	-1.8012
X_8	-0.438248	6.8651586	16.0269	-50.8342
X_9	0.022634	0.0904319	0.1853	-0.6657
X_{10}	0.027936	0.0348658	0.1374	-0.0881
X_{11}	0.019751	0.0332330	0.1164	-0.1045
X_{12}	0.065907	0.1340742	0.4364	-0.3230
X_{13}	10.113609	38.2201387	312.1958	0.3194
X_{14}	2.533534	4.1720044	36.8249	0.0451
X_{15}	0.305653	0.1725426	0.9865	0.0648
X_{16}	-1.758543	12.5650083	5.7058	-114.9804
X_{17}	0.129764	0.3021525	1.7630	-0.3534
X_{18}	0.107692	0.5057554	4.4450	-0.7249
X_{19}	0.170586	0.1356979	0.5711	-0.2954
X_{20}	0.043149	0.0579114	0.4912	0.0001
X_{21}	0.184011	0.1535112	0.7067	0.0025

附表3　T-4期备选财务指标的描述性统计

财务指标	均值	标准差	极大值	极小值
X_1	2.429997	3.4271513	30.2889	0.2268
X_2	1.982660	3.3591563	29.7363	0.1778
X_3	0.426099	0.2862281	2.3940	0.0281
X_4	0.985881	2.8039480	26.1870	0.0138
X_5	1.191465	3.4863001	23.7810	-1.2422
X_6	0.980557	0.1891318	1.5080	0.3811
X_7	0.095405	0.1495736	0.5667	-0.3107
X_8	0.978319	2.2495044	16.9070	-3.8736
X_9	0.028133	0.3107683	0.2821	-2.6538
X_{10}	0.042381	0.1176983	0.2062	-0.6806
X_{11}	0.024744	0.1229037	0.1695	-0.7765
X_{12}	0.040499	0.2173134	0.3793	-1.1498
X_{13}	18.533063	67.1506304	557.0243	0.8535
X_{14}	5.398535	9.0407735	83.4204	0.2413
X_{15}	0.632557	0.3454436	1.8767	0.1367
X_{16}	-0.410128	2.9049142	6.9004	-16.6544
X_{17}	0.099560	0.2346231	0.9972	-0.4441
X_{18}	0.067406	0.4059893	1.2130	-2.6687
X_{19}	0.136167	0.3416721	0.6373	-2.5177
X_{20}	0.048668	0.0595246	0.4815	0.0007
X_{21}	0.184642	0.1537476	0.7067	0.0025

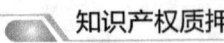
附表4　T−3期备选财务指标的描述性统计

财务指标	均值	标准差	极大值	极小值
X_1	2.176656	1.8206473	13.6791	0.5125
X_2	1.709216	1.6706153	12.8944	0.3111
X_3	0.408073	0.1983955	1.1933	0.0857
X_4	0.788320	0.8396238	4.5738	0.0308
X_5	1.013118	5.8586145	53.8412	−0.7724
X_6	1.025207	0.2332433	1.6395	0.3787
X_7	0.038356	0.3883910	0.5915	−3.1923
X_8	−0.135948	6.1948901	15.3854	−44.7536
X_9	0.027088	0.0842205	0.5556	−0.3477
X_{10}	0.031173	0.0714886	0.5756	−0.0937
X_{11}	0.021951	0.0598645	0.4397	−0.1134
X_{12}	0.034538	0.2302516	1.0092	−1.0349
X_{13}	8.659774	31.9412294	278.5478	0.2120
X_{14}	2.434492	4.1061542	38.5346	0.0422
X_{15}	0.295668	0.2096517	1.2112	0.0380
X_{16}	−1.531823	13.8646658	8.3497	−129.3493
X_{17}	0.077966	0.4191075	2.7843	−0.8380
X_{18}	0.201394	0.5011922	3.0586	−1.6989
X_{19}	0.137202	0.2783911	0.6672	−1.4941
X_{20}	0.039347	0.0329372	0.1615	0.0000
X_{21}	0.198865	0.1684579	0.8220	0.0053

附表 5　**T－2 期备选财务指标的描述性统计**

财务指标	均值	标准差	极大值	极小值
X_1	2. 110097	1. 5914280	10. 0235	0. 5764
X_2	1. 665077	1. 3959051	9. 4417	0. 2571
X_3	0. 396572	0. 1884362	0. 8913	0. 0777
X_4	0. 852669	0. 8514982	5. 2734	0. 0014
X_5	1. 881989	7. 7075860	67. 4887	－ 2. 7726
X_6	1. 016958	0. 1709119	1. 5063	0. 4838
X_7	0. 084338	0. 2455522	0. 6108	－ 1. 6141
X_8	0. 604197	2. 8491257	9. 1790	－ 16. 1537
X_9	0. 037933	0. 1573685	0. 6080	－ 0. 7876
X_{10}	0. 053713	0. 0896215	0. 5154	－ 0. 1670
X_{11}	0. 036436	0. 0812120	0. 4022	－ 0. 1830
X_{12}	0. 014702	0. 2728118	0. 3415	－ 1. 7547
X_{13}	16. 688767	59. 4431089	476. 9546	0. 2718
X_{14}	5. 234439	7. 6935832	70. 9804	0. 2045
X_{15}	0. 614877	0. 4044060	2. 4066	0. 0658
X_{16}	－ 1. 396967	6. 2900112	18. 1203	－ 24. 0599
X_{17}	0. 079253	0. 3413961	1. 3634	－ 0. 9150
X_{18}	0. 324706	0. 7644611	5. 6322	－ 0. 5651
X_{19}	0. 056393	0. 7288658	0. 5174	－ 5. 7751
X_{20}	0. 049183	0. 0596486	0. 4653	0. 0007
X_{21}	0. 199466	0. 1688051	0. 8220	0. 0053

附录 2　融资风险预警阈值主程序

```
A = xlsread('data. xlsx','Sheet1');
info = xlsread('coef. xlsx','Sheet1');
C = cell(1,88);
n = 15;
t = 7;
num = numm;% 选择画第几家公司的结果
for i = 1:88
    C{i} = A((i-1)*7+1:(i-1)*7+7,:);
end
data = C{num};
for i = 1:t
    for j = 1:n
        f(i,j) = data(i,:)*info(:,j);
    end
end
BB(1,:) = [0.201 0.143 0.081 0.064 0.062 0.055 0.050 0.048 0.042
0.040 0.039 0.036 0.034 0.027 0.023];
for n = 1:size(f,1)
    data_in(n) = mean(f(n,:).*BB);
end
yy(:,1) = [data_in(1)0];
A = [1 1;0 1];
sigma_Q = 1;
P(:,:,1) = diag([0.00001,0.00001]);
PP(:,:,1) = eye(2);
for n = 2:length(data_in)
```

```
yyy(:,1) = A * yy(:,n-1);
H(n,:) = [1 0];
PP(:,:,1) = A * P(:,:,n-1) * A' + [sigma_Q/3 sigma_Q/2;sigma_Q/2 sigma_Q];
G = PP(:,:,1) * H(n,:).'/((H(n,:) * PP(:,:,1) * H(n,:).' + 1));
yy(:,n) = yyy(:,1) + G * [data_in(n) - H(n,:) * yyy(:,1)];
P(:,:,n) = PP(:,:,1) - G * H(n,:) * PP(:,:,1);
end
downs = mean(mean(f_dange)) - 1.6449 * std(mean(f_dange'));
ups = mean(mean(f_health)) + 1.6449 * std(mean(f_health'));


for n = 1:16
figure;
plot(real(:,n),'r','LineWidth',2);
hold on;
plot(pred(:,n),'b--','LineWidth',2);
hold on;
plot(ups,'k','LineWidth',1);
plot(downs,'k','LineWidth',1);
grid on;
legend('实际值','Kalman 预测值')
title(strcat(['第',num2str(n),'家公司']));
end
```

参 考 文 献

［1］ Haynes G W, Haynes D C. The debt structure of small businesses owned by women in 1987 and 1993 ［J］. Journal of Small Business Management, 1999, 37 (2): 1 – 17.

［2］ Berger A N, Hasan I, Klapper L F. Further evidence on the link between finance and growth: an international analysis of community banking and ecomomic performance ［J］. Journal of Financial Services Research, 2004, 25 (3): 169 – 202.

［3］ 吴大庆，宋矛，彭湘杰 . 专利权质押贷款助力中小企业自主创新 ［J］. 中国金融, 2007 (6): 73 – 74.

［4］ Bruno Amable, Jean – Bernard Chatelain and Kirsten Ralf. Patents as collateral ［J］. Journal of Economic Dynamics and Control, 2010, 34 (6): 1092 – 1104.

［5］ DeYoung R, Rice T. Noninterest income and financial performance at US commercial banks ［J］. Financial Review, 2004, 39 (1): 101 – 127.

［6］ Douglas Cumming. Government policy towards entrepreneurial finance: Innovation investment funds ［J］. Journal of Business Venturing, 2005 (22): 193 – 235.

［7］ Lionel Bently, Brad Sherman. Intellectual Property Law ［M］. Oxford University Press. 2004.

［8］ 张玉敏 . 知识产权的概念和法律特征 ［J］. 现代法学, 2001 (5): 103 – 110.

［9］ 朱谢群. 知识产权公关服务及其机制分析［J］. 知识产权，2008
（5）：26－30.

［10］ 冯晓青. 我国企业知识产权质押融资及其完善对策研究［J］. 河北
法学，2012（12）：39－46.

［11］ 周启清，李超. 国内外中小企业融资模式比较研究［J］. 生产力研
究，2014（12）：99－102.

［12］ Roger Svensson. Commercialization of patents and external financing during
the R&D phase［J］. Research Policy，2007（36）：1052－1069.

［13］ Davies，Iwan R. Secured Financing of Intellectual Property Assets and the
reform of English Personal Property Security Law［J］. Oxford Journal of
Legal Studies，2006（3）：559－583.

［14］ 苏琰. 安徽省中小企业知识产权质押融资模式新议［J］. 知识产权，
2010（10）：35－36.

［15］ 欧晓文. 科技型中小企业知识产权质押融资模式探究——基于北京、
上海浦东、武汉模式的比较［J］. 现代产业经济，2013（7）：
60－64.

［16］ 杨晨，陶晶. 知识产权质押融资中的政府政策配置研究［J］. 科技
进步与对策，2010（13）：105－107.

［17］ 聂洪涛. 知识产权担保融资中的政府角色分析［J］. 科技进步与对
策，2014（24）：104－108.

［18］ 李增福，郑友环. 中小企业知识产权质押贷款的风险分析与模式构
建［J］. 宏观经济研究，2010（4）：4－5.

［19］ 凌辉贤. 知识产权融资模式研究——以质押和证券化为例［J］. 财
会通讯，2011（24）：119－122.

［20］ 郑柏鹤，胥朝阳，吴巧玲，等. 小微科技企业知识产权集合质押融
资模式探讨［J］. 财政监督，2014（7）：42－45.

［21］ 刘沛佩. 谁来为知识产权质押融资的"阵痛"买单——兼论知识产
权质押融资的多方参与制度构建［J］. 科学学研究，2011（4）：

521 - 525.

[22] 杨茜. 解决科技型小微企业金融支撑困境知识产权质押融资模式创新 [J]. 金融天地, 2014 (1): 227 - 228.

[23] 袁晓东, 李晓桃. 专利资产证券化解析 [J]. 科学学与科学技术管理, 2008 (6): 56 - 60.

[24] 丘志乔. 广东知识产权质押融资模式探析 [J]. 广东工业大学学报 (社会科学版), 2011, 11 (3): 6 - 9.

[25] 余薇, 秦英. 科技型企业知识产权质押融资模式研究 [J]. 企业经济, 2013 (6): 170 - 173.

[26] 谭畅. 武汉市东湖高新区科技型中小企业知识产权质押融资模式研究 [D]. 武汉: 武汉纺织大学, 2014.

[27] 卢旭, 刘名武, 谢斌. 重庆市知识产权质押融资运作模式研究 [J]. 科技管理研究, 2015 (16): 157 - 159.

[28] 李玉玲. 探究山东省科技型中小企业知识产权质押融资模式 [J]. 金融经济, 2015 (16): 55 - 56.

[29] 鲍新中, 屈乔. 知识产权质押融资中的价值评估风险评价 [J]. 价格理论与实践, 2015 (3): 99 - 101.

[30] 尹夏楠, 鲍新中, 朱莲美. 基于融资主体视角的知识产权质押融资风险评价研究 [J]. 科技管理研究, 2016 (12): 125 - 129.

[31] Pennington Richard, Sanchez Corey. Negotiating Liability Allocation Terms: Risk, Indemnity and Intellectual Property [J]. Contract Management, 2007, 47 (11): 42 - 53.

[32] Crawford John, Strasser Robert. Management of Infringement Risk of Intellectual Property assets [J]. Intellectual Property & Technology Law Journal, 2008, 20 (12): 7 - 10.

[33] 吴艳文, 王新平. 陕西知识产权质押融资风险防范研究 [J]. 财会月刊, 2011 (32): 48 - 50.

[34] 章洁倩. 科技型中小企业知识产权质押融资风险管理——基于银行

角度 [J]. 科学管理研究，2013（4）：98－101.

[35] 丁锦希，何梦云. 知识产权质押融资激励政策研究——基于"玉森模式"实证分析 [J]. 现代商贸工业，2013（9）：106－108.

[36] 程永文，姚王信. 有限理性视角下知识产权质押贷款风险形成、评估与检验 [J]. 科技进步与对策，2015（7）：139－144.

[37] 苑泽明，姚王信. 企业知识产权融资：需求、供给与实现路径 [J]. 华东经济管理，2010（5）：78－82.

[38] 徐静，鲍新中，王英. 科技型企业知识产权质押融资的动力学机理研究 [J]. 科技管理研究，2015（11）：155－158.

[39] Won W Choi, Sung S. Kwon, Gerald J Lobo. Market valuation of Intangible Assets [J]. Journal of Business Research, 2000（49）：34－45.

[40] Fishman E. Securitization of IP royalty streams：assessing the landscape [R]. Technology Access Report, 2003：490－491.

[41] 苑泽明. 知识产权质押融资价值评估：收益分成率研究 [J]. 科学学研究，2012（6）：856－864.

[42] 苏任刚，王炜，余莎莎. 知识产权质押融资价值评估新模式 [J]. 哈尔滨学院学报，2015（6）：30－35.

[43] 谭中明，黄传海. 基于收益法的知识产权质押价值评估模型改进 [J]. 财会月刊，2013（12）：68－76.

[44] Lai YH, Che HC. Evaluating patents using damage awards of infringement lawsuits：A case study [J]. Journal of Engineering and Technology Management, 2009, 26（3）：167－180.

[45] 夏阳，顾新. 科技型中小企业知识产权投融资过程中对知识产权估价的方法研究 [J]. 科技管理研究，2012（10）：113－116.

[46] Helmut Bester. Screening VS. Rationing in Credit Markets with Imperfect Information [J]. The American Economic Review, 1985, 75（4）：850－855.

[47] David Besanko, Anjan V Thakor. Collateral and Rationing：Sorting Equi-

libria in Monopolistic and Competitive Credit Markets [J]. International Economic Review, 1987, 28 (3)：671 – 689.

[48] Lehmann Erik, Neuberger Doris. Do lending relationships matter? Evidence from bank survey data in Germany [J]. Journal of Economic Behavior and Organization, 2001 (45)：339 – 359.

[49] Jimnez Gabriel, Salas Vicente, Saurina Jesus. Determinants of collateral [J]. Journal of Financial Economics, 2006, 81 (2)：255 – 282.

[50] Cressy, Robert, Toivanen. Is there adverse selection in the credit market? [J]. Venture Capital, 2006, 3 (3)：215 – 238.

[51] Jarunee Wonglimpiryarat. Management and governance of venture capital a challenge for commercial bank [J]. Technovation, 2007, 12 (8)：721 – 731.

[52] J P Niinimaki. Nominal and true cost of loan collateral [J]. Journal of Banking & Finance, 2011 (35)：2782 – 2790.

[53] 何慧芳, 刘长虹. 基于模糊综合分析法的广东省知识产权质押融资的风险预警评价研究 [J]. 科技管理研究, 2013 (14)：151 – 159.

[54] 周文光, 黄瑞华. 企业自主创新中知识产权风险预警过程研究 [J]. 科学学与科学技术管理, 2010 (4)：72 – 76.

[55] 夏阳, 顾新. 科技型中小企业知识产权投融资过程中对知识产权估价的方法研究 [J]. 科技管理研究, 2012 (10)：113 – 116.

[56] 鲍新中, 董玉环. 知识产权质押融资风险评价研究 [J]. 南京审计学院学报, 2016 (2)：48 – 56.

[57] 朱锋. 知识产权质押贷款风险防范框架研究 [J]. 价值工程, 2011 (9)：274 – 275.

[58] 华荷锋, 杨晨. 知识产权融资服务体系构建研究 [J]. 科技进步与对策, 2011 (8)：20 – 23.

[59] 杨晨, 夏钰. 产业集群视角下高技术产业园区知识产权管理与服务模式探析 [J]. 科学学与科学技术管理, 2012 (10)：5 – 10.

［60］范晓宇. 知识产权担保融资风险控制研究［J］. 浙江学刊，2010
（3）：156 –160.

［61］马秋君. 我国科技型中小企业融资困境及解决对策探析［J］. 科学
管理研究，2013（2）：113 –116.

［62］杨云峰，樊丰. 我国科技型中小企业融资困境及其对策研究［J］.
科学管理研究，2013（4）：94 –97.

［63］陆铭，尤建新. 地方政府支持科技型中小企业知识产权质押融资研
究［J］. 科技进步与对策，2011（16）：92 –96.

［64］Roberto M Samaniego. Knowledge spillovers and intellectual property rights
［J］. International Journal of Industrial Organization，2013（13）：
50 –63.

［65］贺化. 专利导航产业和区域经济发展实务［M］. 北京：知识产权出
版社，2013.

［66］束兰根，吴春燕. 科技型中小企业融资风险识别及融资能力评价
［J］. 财经问题研究，2014（12）：111 –115.

［67］Philippe du Jardin. Bankruptcy prediction using terminal failure processes
［J］. Euripean Journal of Operational Research，2015（1）：286 –303.

［68］Ping –Feng Pai，Ming –Fu Hsu，LinLin. Enhancing decisions with life
cycle analysis for risk management［J］. Neural Comput & Applic，2014
（24）：1717 –1724.

［69］邓晓岚，王宗军，李红侠，等. 非财务视角下的财务困境预警——
对中国上市公司的实证研究［J］. 管理科学，2006（3）：71 –80.

［70］杨淑娥，黄礼. 基于 BP 神经网络的上市公司 FEW 模型［J］. 系统
工程理论与实践，2005（1）：12 –18.

［71］吴世农，卢贤义. 我国上市公司财务困境的预测模型研究［J］. 经
济研究，2001（6）：46 –55.

［72］宁青青，祖明. 企业财务危机诱因的广角透视与实证研究［J］. 华
东经济管理，2013（3）：135 –139.

[73] 阳静，杨林炜．创新型企业财务风险与财务预警系统研究［J］．湖北经济学院学报（人文社会科学版），2016（12）：81-82.

[74] 韩钢，李随成．高科技中小企业专利质押业务的信贷合约设计［J］．科技进步与对策，2012（6）：79-81.

[75] 陈莹，宋跃晋．知识产权质押融资的风险控制［J］．金融与经济，2012（7）：7-15.

[76] 刘姝婕．知识产权质押融资风险的实证考察及其对策研究［D］．桂林：广西师范大学，2010.

[77] 苑泽明，李海英，孙浩亮．知识产权质押融资价值评估：收益分成率研究［J］．科学学研究，2012（6）：856-864.

[78] Yu-jing Chiu, Yuh-Wen Chen. Using AHP in patent valuation［J］. Mathematical and Computer Modeling, 2007（6）：1054-1062.

[79] 文豪．中小企业知识产权质押贷款的障碍原因及前景［J］．中国资产评估，2012（2）：25-29.

[80] Davies I. Secured financing of intellectual property assets and the reform of English personal property security law［J］. Oxford journal of legal studies, 2006, 26（3）：559-583.

[81] 刘伍堂．知识产权质押贷款评估实务［J］．中国发明与专利，2007（12）：51-53.

[82] 文豪，汪海粟，陈保国，等．中小企业知识产权质押贷款的业务链分析［J］．经济社会体制比较，2011（3）：177-184.

[83] 马国建，张冬华．中小企业银行再担保体系经济效益研究［J］．软科学，2010（7）：111-115.

[84] 贾仁安，丁荣化．系统动力学——反馈动态性复杂分析［M］．北京：高等教育出版社，2002.

[85] 王发明，蔡宁，朱浩义．基于网络结构视角的产业集群风险研究［J］．科学学研究，2006（6）：885-889.

[86] 王国红，周建林，梁晓燕．基于SD的区域协同创新网络结构风险研

究 [J]. 科技进步与对策, 2015 (4): 40 - 45.

[87] 梅强, 许红珍. 再担保体系内银保风险共担研究 [J]. 技术经济与管理研究, 2014 (2): 40 - 45.

[88] 蔡岩松, 杨茁, 王聪. 基于系统动力学的企业财务危机预警模型研究 [J]. 管理世界, 2008 (5): 176 - 177.

[89] 张友棠, 黄阳. 基于行业环境风险识别的企业财务预警控制系统研究 [J]. 会计研究, 2011 (3): 41 - 48.

[90] 蓝莎. 基于系统动力学的企业财务风险预警研究 [J]. 财会通讯, 2015 (11): 106 - 109.

[91] 林葱. 基于系统动力学的企业现金流预测研究 [J]. 华东经济管理, 2011 (8): 103 - 105.

[92] Su Z, Chen M Q, Xia G, et al. An Interactive Method for Dynamic Intuitionistic Fuzzy Multi - attribute Group Decision Making [J]. Expert Systems With Applications, 2011, 38 (12): 15286 - 15295.

[93] 李香花, 彭湘华, 王孟钧. 基于 Vague 集的城市土地开发整理项目评估 [J]. 统计与决策, 2013 (17): 67 - 69.

[94] 张琪. 基于 Vague 集的电子商务信息安全评估模型和方法的研究 [D]. 昆明: 云南财经大学, 2013.

[95] 舒欢, 马玉国. 基于 Vague 集的工程项目采购风险评价 [J]. 项目管理技术, 2013 (1): 57 - 62.

[96] 刘庆, 王昌. 基于 Vague 集 TOPSIS 法的多属性决策方法研究 [J]. 模糊系统与数学, 2015 (4): 174 - 180.

[97] 李伟伟, 徐夷, 李洪兴, 等. 基于层次分析法——逼近理想解排序法的区域农村水厂风险评估 [J]. 环境与健康杂志, 2013 (10): 908 - 910.

[98] 郑明贵, 陈家愿. 基于灰色关联法与 TOPSIS 的海外矿业投资金融风险评价 [J]. 资源与产业, 2015 (2): 68 - 72.

[99] 尹夏楠, 鲍新中. 基于商权 TOPSIS 方法的高新技术企业财务风险评

价［J］. 会计之友，2017（4）：70 - 74.

［100］ Gau Wen - lung，Buehrer D J. Vague Sets ［J］. IEEE Transactions on Systems，Man and Cybernetics，1993，23（2）：610 - 614.

［101］ Zadeh L A. Fuzzy sets ［J］. Information and Control，1965，8（3）：338 - 353.

［102］ Shyi - Ming Chen，Jiann - Mean Tan. Handling multi - criteria fuzzy decision - making problems based on Vague set theory ［J］. Fuzzy Stes and Systems，1994，67（2）：163 - 172.

［103］ 赵宜宾，曾文艺. 基于蕴含算子的 Vague 集的相似度 ［J］. 系统工程理论与实践，2008（12）：610 - 614.

［104］ 杨伟，马振明，姚金江，等. 关于 Vague 群的几个重要结果 ［J］. 模糊系统与数学，2008（3）：126 - 129.

［105］ 周晓化，谭春桥，张强. 基于 Vague 集的决策理论与方法 ［M］. 北京：科学出版社，2009.

［106］ 周晓光，张强. Vague 集（值）相似度的比较和改进 ［J］. 系统工程学报，2005，（12）：613 - 619.

［107］ 崔春生. 基于 TOPSIS 思想的技术创新方案的 Vague 集评价方法及其应用 ［J］. 运筹与管理，2013（8）：151 - 156.

［108］ 何慧芳，刘长虹. 基于模糊综合分析法的广东省知识产权质押融资的风险预警评价研究 ［J］. 科技管理研究，2013（14）：151 - 159.

［109］ 彭建峰，张友棠. 科技型企业知识产权质押融资风险分散机制创新 ［J］. 财会月刊，2015（9）：30 - 32.

［110］ 宋伟，胡海洋. 知识产权质押贷款风险分散机制研究 ［J］. 知识产权，2009（4）：73 - 77.

［111］ 张伯友. 知识产权质押融资的风险分解与分步控制 ［J］. 知识产权，2009（23）：30 - 34.

［112］ 戴毅，霍佳震，张倩. 基于模糊层次综合方法的企业内部风险评价 ［J］. 同济大学学报，2008（6）：56 - 60.

［113］陈楠. 基于层次分析法的保险投资风险评价研究［D］. 天津：天津大学，2012.

［114］张新红，王瑞晓. 我国上市公司信用风险预警研究［J］. 宏观经济研究，2011，（1）：50－54.

［115］赵爱玲. 我国融资性担保机构风险预警体系研究［J］. 宏观经济研究，2014（2）：35－44.

［116］徐临，姚晓琳，李艳辉. 基于层次分析和熵值法的融资担保机构风险评价［J］. 经济与管理，2017（2）：50－55.

［117］付梦印，邓志虹，张继伟. Kalman 滤波理论及其在导航系统中的应用［M］. 北京：科学出版社，2003.

［118］唐晓彬. Markov 机制转换的状态空间模型及其在我国经济周期中的应用研究［J］. 统计研究，2010（2）：94－99.

［119］岳金桂，武琳. 基于 KALMAN 滤波方法的全要素生产率估算［J］. 水利经济，2007（7）：16－22.

［120］高宇明，齐中英. 基于时变参数的我国全要素生产率估计［J］. 数量经济技术经济研究，2008（2）：100－111.

［121］张德鸿，李向军. 一般状态空间模型和东亚股票指数的波动［J］. 西安文理学院学报，2007（7）：18－20.

［122］刘晓曙，宋德舜. 小样本特征下中国市场收益率曲线估计研究［J］. 南方经济，2012（4）：56－67.

［123］张琳，王轶铭. 运用动态线性模型对未决赔款准备金的评估［J］. 统计与决策，2006（20）：26－28.

［124］孙晓琳，田也壮，王文彬. 基于 Kalman 滤波的企业财务危机动态预警模型［J］. 系统管理学报，2010（4）：408－427.

［125］孙晓琳. 财务危机动态预警模型研究［M］. 上海：上海交通大学出版社，2011.

［126］朱兆珍. 企业生命周期视角下财务危机预警研究［D］. 南京：东南大学，2016.

[127] EL Harrouni, K Ouazar, D Wrobel, L C, Cheng, A H – D. Aquifer parameter estimation by extended Kalman filtering and boundary elements [J]. Engineering Analysis with Boundary Elements, 1997 (3)：231 – 237.

[128] Van Home J C, Wachowicz J M. Fundamentals of financial management [M]. New York：Prentice Hall International, 1999.

[129] 彭韶兵，邢精平. 公司财务危机论 [M]. 北京：清华大学出版社，2005.

[130] Li G Z, Kin K L, Jerome Y. Empirical models based on features ranking techniques for corporate financial distress prediction [J]. Computers and Mathematics with Applications, 2012 (64)：2484 – 2496.

[131] 符刚，曾萍，陈冠林. 经济新常态下企业财务危机预警实证研究 [J]. 财经科学，2016 (9)：88 – 99.